JN110449

1冊で古典も英語も教訓も学べる！

新版 英語対訳で読むイソップ物語

牧野髙吉 MAKINO Taka-Yoshi 著

William Chesser 英文監訳

JIPPI
Compact

実業之日本社

Preface

The main purpose of this book is to read Aesop's Fables in easy English. I am sure many readers are familiar with the Aesop's Fables "The Tortoise and the Hare," "The North Wind and the Sun," and "The Fox and the Grapes," because those who are kind of older have told them to you, and/or you have read them by yourselves in your childhood.

Nevertheless, the number of those who have read them in English may not be so large. However, those who do not have a chance to read English in everyday life do not feel it difficult to read them even in English, if they are familiar with Aesop's Fables.

The fables in this book are written in simple English, so as to read them with basic command of English learned in their junior or senior high school days. To do so, many difficult words and phrases are underlined and explained in Japanese, which will give you hints to understand them. You can also check the meaning of English sentences in Japanese, since this book presents you the side-by-side Japanese translation in the facing page. Moreover, I urge you to try to translate Japanese into English, which will help you to improve your English ability.

This book has two more special features.

One of them is that some important English constructions used in the fable are listed after the text with explanations for the readers. The lists cover all the important English constructions which are required for senior high school and college entrance examinations. These important constructions are also useful to prepare for the TOEIC and/or other English certificate and qualifying examinations.

はじめに

　本書は、イソップ物語を日本語と英語で読むための本です。読者の方々の多くは、「ウサギとカメ」や「北風と太陽」、「キツネとブドウ」などのイソップ物語を、子どもの頃、年配者から聞いたり、自分で読んだりして、馴染みがあると思います。

　にもかかわらず、イソップ物語を実際に英語で読んだという方は、あまり多くはないかもしれません。しかし、日常、英語を読む機会の少ない方でも、馴染みのあるイソップ物語なら、英語でもそれほど抵抗がないでしょう。

　本書で取り上げたイソップ物語は、中学・高校で学んだ基礎的な英語力のある人が読めるよう、平易な英語にしてあります。また、多くの単語や語句には下線を引いて、日本語の訳をつけました。英語を読む時のヒントになります。英語と日本語が見開きの対訳になっていますので、英語を見てすぐに日本語で確認できます。また、日本語を見て英語に訳すという挑戦を試みることもお勧めします。英語学習に大きく役立ちます。

　本書には、２つの特徴があります。
　１つは、それぞれの寓話で使われている英語の「重要構文」をピックアップしたことです。高校・大学受験に必須の「重要構文」をすべてカヴァーしてあります。TOEIC をはじめ、各種の検定試験や資格試験の対策にも効果を発揮するでしょう。

As you know, each of the Aesop's Fables is not only interesting to read, but also points to a moral. The second feature is to present you the morals which give profitable advice on how to lead a meaningful life.

Finally, I would like to give much thanks to Mr. Shirato Sho of Jitsugyo No Nihonsha,Ltd., who planned out this project, Mr. Ogino Mamoru, Representative of Office ON, who gave me lots of editorial advice and Mr. William Chesser who read all of the English sentences in this book and made them flow as simply and naturally as possible.

Without their cooperation and efforts, this book could not have been completed.

September 2020

Kushiro, Hokkaido
MAKINO Taka-Yoshi

ご存じのように、イソップ物語は、読んで面白いばかりでなく、我々が生きるための教訓をも与えてくれます。それぞれの寓話の「教訓」をわかりやすく提示したのが、本書の２つ目の特徴です。

　最後になりましたが、本書の出版を企画してくださった実業之日本社の白戸翔氏、編集上、いろいろなアドヴァイスをしてくださったオフィスＯＮ代表の荻野守氏、さらにすべての英文を平易で、かつ自然な流れにしてくださった William Chesser 氏に、深く感謝を申し上げます。お三人の協力と努力がなければ、本書は完成に至りませんでした。

2020 年 9 月

釧路の寓居にて
牧 野 髙 吉

CONTENTS / 目次

Chapter 2
Aesop's Fables which teach "how to live"
人間の「生き方」を教えてくれるイソップ物語 ………………… *37*

CONTENTS / 目次

CONTENTS / 目次

Chapter 3
Aesop's Fables which teach "how to succeed" in life
人生で「成功する」ためのイソップ物語 ·········· *91*

CONTENTS / 目次

CONTENTS / 目次

◎装幀▶杉本欣右

◎本文イラスト▶笹森識

◎本文デザイン・DTP▶サッシイ・ファム

◎編集協力▶荻野守（オフィスON）

1

**Aesop's Fables
which help us establish
better "Human Relations"**

よりよい「人間関係」を
築くためのイソップ物語

1. The Fox and the Grapes

①One day, a fox who was <u>hungry</u> <u>sneaked into</u> a
　　　　　　　　　　　　　　空腹の　　　　　　〜に忍び込んだ
<u>vineyard</u>. ②They were just <u>ready to</u> eat. ③He could
ブドウ畑　　　　　　　　　　　　　〜する準備ができている
<u>hardly</u> wait to eat them. ④He <u>jumped up</u> to <u>grab</u> the
ほとんど〜しない　　　　　　　　跳び上がった　　　　強引に手に入れる
nearest bunch of grapes, but they were too high to <u>reach</u>.
　　　　　　　　　　　　　　　　　　　　　　　　　　　　　届く
⑤He jumped to grab them <u>again and again</u>, but <u>each time</u>
　　　　　　　　　　　　　　何度も何度も　　　　　そのたびに
he <u>missed</u>. ⑥He <u>looked up</u> at the grapes and <u>walked away</u>,
　　取り損なった　　見上げた　　　　　　　　　　立ち去った
<u>saying to himself</u> "Anyone can <u>see</u> that those grapes are
独り言を言いながら　　　　　　　　　　わかる
sour."
すっぱい
⑦When one cannot <u>attain</u> <u>what</u> he wants, some <u>conflicts</u>
　　　　　　　　手に入れる　もの　　　　　　　葛藤
<u>arise</u> in his mind. ⑧<u>In order to</u> <u>get rid of</u> these conflicts,
起こる　　　　　　　　　〜するために　〜を解消する
he changes his <u>perspective</u> and tries to <u>convince</u> himself
　　　　　　　　モノの見方　　　　　　　　〜を納得させる
by saying "I'm sure those grapes are sour." ⑨We were
<u>restricted</u> from <u>nonessential</u> <u>outings</u> for the *COVID-19
制限された　　　不要・不急の　　外出　　　　　新型コロナウイルス感染症
<u>outbreak</u>. ⑩It <u>seems that</u> many people <u>convinced</u>
流行　　　　　　……のようである　　　　　　　納得させた
themselves to <u>look at</u> outings <u>as</u> "sour grapes."
　　　　　　　　〜を―ととらえる

＊ COVID-19：Coronavirus disease 2019 の略。

［重要構文］

- -

① a fox who was hungry sneaked into a vineyard.（腹を空かせたキツネが
　　ブドウ畑に忍び込みました）《who は人を先行詞にとる関係代名詞である
　　が、この fox は擬人化されていて、おとぎ話ではよくある》

③ He could hardly wait ～（彼は～を待ちきれなかった）

⑥ say to oneself（独り言を言う）《前置詞の目的語になる再帰代名詞》

⑥ those grapes are sour（あのブドウはすっぱい）《第２文型（S+V+C）》

1. キツネとブドウ

①ある日のこと、腹を空かせたキツネがブドウ畑に忍び込みました。②ブドウはまさに食べ頃でした。③彼はそのブドウを食べたくてたまりませんでした。④彼は一番近いところのブドウの房をつかみ取ろうと跳び上がりましたが、高すぎて届きませんでした。⑤つかみ取るために、彼は何度も何度も跳び上がりましたが、そのたびに取り損ないました。⑥彼はそのブドウを見上げて、「誰にだって、あのブドウがすっぱいってことがわかるよ」と独り言を言いながら、その場を立ち去りました。

⑦人はほしいものが手に入らない場合、心に葛藤が生じます。⑧人は、その葛藤を解消するために、認知を変え、「どうせあのブドウはすっぱいに決まってるさ」と言って、自分を納得させようとするのです。⑨新型コロナウイルスの流行により、われわれは不要・不急の外出を制限されました。⑩外出することを「すっぱいブドウ」ととらえて、自分自身を納得させていた人も多かったかもしれません。

2. The Fox Without a Tail

①One day, a fox mistakenly fell into a trap. ②When he
took off the trap to save his life, he lost his handsome
bushy tail. ③As he was ashamed of the way he now
looked, he wondered how he could ever face the other
foxes. ④Then one day he had an idea. ⑤He gathered
his fellow foxes and cried loudly, "Look at me, dear
friends. See that I no longer have a tail! How wonderful it
is to be free of all that heavy fur! And, think how it
improves my look! Since all of you are my brothers, I
would like you to be as carefree as I am. I am willing
to cut off your tails!" ⑥Then, one of the old foxes said,
"Hey, Fox! Tell me, if you had not lost your own tail,
would you still try to persuade us? Do you not want to
mix with us unless we lose our tails because you know
that misery loves company?"
⑦This fable suggests that those who met with misfortune
tend to curse the world and even involve other people.

[重要構文]

⑤ no longer ～（もう [これ以上] ～しない）《not ～ any longer も同じ意》

⑤ as carefree as I am（私と同じくらい楽しく・のんきに）《as ～ as … 「… と同じくらい～」は原級を使った比較》

⑥ unless we lose our tails（我々がしっぽを失わなければ）

⑦ This fable suggests that those who met with misfortune tend to ～（この寓話は、不幸に陥った者は～する傾向があると示唆している）《仮定法現在 : suggest, propose, demand, insist など「勧告・提案・要求・主張」の意味を表す動詞に続く that 節では、《米》では should のない原形を用いる》

2. しっぽのないキツネ

①ある日のこと、1匹のキツネが誤って罠にかかりました。②彼は、助かろうと罠から逃れたとき、毛のふさふさした立派なしっぽを失いました。③いまの自分の姿では恥ずかしいので、彼はどのようにして仲間のキツネたちと顔を合わせたらいいかを考えました。④と、ある日、彼にある考えが浮かびました。⑤彼は仲間のキツネたちを集めて、「おまえたち、俺を見てみろ！ 俺にはもうしっぽがないのをよーく見ろ！ あの重い毛がないと、なんとすばらしいことか！ また、俺がどんなに見ばえがよくなったかを考えてみろ！ おまえたちはみんな俺の仲間なんだから、俺と同じように楽しくやってもらいたい。俺はおまえたちのしっぽを喜んで切り落としてやるぞ」と大声で言いました。⑥すると、長老のキツネが、「おい、おまえ！ もしおまえが自分のしっぽを失っていなかったら、我々を説得しようとはしなかったのだろう？ おまえは、「同病相憐れむ」ってことを知ってるから、我々がしっぽを失わなければ、我々とつき合いたくないんだろ？」と言いました。

⑦この寓話は、不幸に陥った者は世を呪って他人をも巻き添えにする傾向がある、と示唆しています。

3. The Farmer and the Stork

①A farmer set up nets to catch some cranes who came
農夫　　　　仕掛けた　　　　　　　　ツル

to pick his corn seeds on his newly planted fields.
ついばむ　トウモロコシの種　　　　　　種をまいた　畑

②He found one stork among the many cranes he had
コウノトリ

caught. ③The stork begged the farmer, "Please don't kill
懇願した

me! I am not a crane, but a stork of excellent character.
すばらしい　性格

Look at my feathers, my legs and my beak. You can see
羽根　　　　　　　　　　クチバシ

that in no way they resemble those of the cranes, can't
決して～ない　　　似ている

you?" ④However, the farmer was not moved by these
感動しなかった

words, and said, "What you want to say may be true, but I
おまえの言いたいこと

caught you with these robbers, so I am sure you are a
泥棒　　　　　　　～を確信する

robber, too. After all, birds of a feather flock together."
結局　　　　　　　　　　　　　　　群がる　一緒に

⑤This fable teaches that any good person is slowly
教える

influenced by evil when he is in an evil environment.
影響される　　　悪　　　　　　　　　　悪い　環境

⑥This also suggests that "One who keeps company with
示唆する　　　　　　　　　　　　仲間

the wolf will learn to howl."
～することを学ぶ　遠ぼえする

[重要構文]

③ Please don't kill me. (私を殺さないでください) → 「命だけは助けてください」《命令文》

③ I am not a crane, but a stork. (私はツルではなく、コウノトリです)《not A, but B は「A ではなく B である」という意》

④ The farmer was not moved by these words, (農夫はこの言葉に動じなかった)《受身文では「be + 動詞の過去分詞形 +by ～」が基本形》

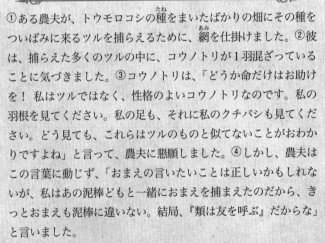

3. 農夫とコウノトリ

①ある農夫が、トウモロコシの種をまいたばかりの畑にその種をついばみに来るツルを捕らえるために、網を仕掛けました。②彼は、捕らえた多くのツルの中に、コウノトリが1羽混ざっていることに気づきました。③コウノトリは、「どうか命だけはお助けを！ 私はツルではなく、性格のよいコウノトリなのです。私の羽根を見てください。私の足も、それに私のクチバシも見てください。どう見ても、これらはツルのものと似てないことがおわかりですよね」と言って、農夫に懇願しました。④しかし、農夫はこの言葉に動じず、「おまえの言いたいことは正しいかもしれないが、私はあの泥棒どもと一緒におまえを捕まえたのだから、きっとおまえも泥棒に違いない。結局、『類は友を呼ぶ』だからな」と言いました。

⑤この寓話は、どんな善人も悪の環境に身を置けば、少しずつ悪に染まっていくということを教えています。⑥これはまた、「朱に交われば赤くなる」(※直訳は【狼とつき合う者は吠えることを覚える】)ということを示唆しています。

4. The Ant and the Dove

①An ant who was thirsty walked to the river to drink some
　　　　　アリ　　　　ノドが渇いた

water. ②In order to reach the river he had to climb down
　　　　　　　　　　　　達する　　　　　　　　　　　下る

the steep banks. ③Unfortunately, he slipped and fell into
急な土手　　　　　不幸にも　　　　　すべった　　　落ち込んだ

the swirling waters. ④A dove on a nearby tree saw the
渦を巻いている　　　ハト　　　近くの

ant's desperate plight. ⑤She quickly plucked a leaf from
　　絶望的な　苦境　　　　すばやく　引っ張った　葉っぱ

the tree and dropped it for him. ⑥She told the ant to hold
　　　　　　落とした　　　　　　　　　　　　　　　　　つかまる

on to it tight. ⑦The ant was able to climb up on the leaf and
しっかりと　　　　　　　　　　　　　登る

he reached the shore safely. ⑧Several days later, the ant
　　　　　　岸　　　安全に　　数日後

saw a hunter hiding behind a tree with a net in his hand.
　　猟師　　隠れている　〜のうしろに

⑨Seeing that the dove was in danger, the ant crawled up to
〜がわかったので　　　　　危険な状態にあった　　　這い上がった

the hunter and bit him on his head hard. ⑩The startled
　　　　　　　かんだ　　　　　　　　　　　　　　　　びっくりした

hunter dropped his net, and the dove flew off.
　　　　　　　　　　　　　　　　　　　飛び去った

⑪The dove, perched safely in the tree, called down to the
　　　　　止まった　安全に

ant, "Thank you, my little friend!" ⑫"Not at all," said the
　　　　　　　　　　　　　　　　　　　どういたしまして

ant. "One good turn deserves another."
　　　　　行為　〜に値する

⑬This story teaches that the good deeds we do will come
　　　　　　　　　　　　　　　　行ない

back to us.

[重要構文]

- -

② In order to 動詞の原形（〜するために）《この否定形は in order not to 〜》

⑥ She told the ant to hold on to it tight（彼女はアリにそれにしっかりつかまるように言いました）《この文は、直接話法 She said to the ant, "Hold on tight." を書き換えたもの》

⑨ Seeing that the dove was in danger,（ハトが危険な状況にあることがわかったので）《seeing that 〜（〜なので）は慣用的分詞構文と呼ばれる》

4. アリとハト

①ノドの渇きを覚えていたアリが、水を飲もうと川のほうへ歩いて行きました。②川に近づくために、彼は急な土手を下らなければなりませんでした。③不運にも、彼は足をすべらせて、渦を巻いている水の中に落ちてしまいました。④近くの木に止まっていたハトが、アリの窮状を目にしました。⑤彼女は、すばやく木から葉を1枚もぎ取り、彼のためにその葉を落としてやりました。⑥彼女はアリに、それにしっかりつかまるように言いました。⑦アリは、その葉に乗り、無事に岸にたどり着きました。⑧その数日後、アリは、猟師が手に網を持って木に隠れているのを目にしました。⑨ハトが危険な状態であることがわかったので、アリは猟師の身体に這い上がり、彼の頭を強くかみました。⑩驚いた猟師は網を落としてしまい、そしてハトは飛び去りました。⑪ハトは無事に木に止まり、「小さな友よ、ありがとう！」と、アリに言いました。⑫アリは、「どういたしまして。情けは人のためならず（※直訳は【一つの善行はほかの善行に値する】）、ですよ」と言いました。⑬この話は、善い行ないは人のためではなく、結局は自分のためになる、ということを教えています。

5. The Lion and the Mouse

①A sleeping lion was awakened by a mouse running
眠っている　　　　　目を覚ました　　　　　　　　　　　　　　～をかけ抜ける

across his face. ②The lion had hardly seized the mouse
　　　　　　　　　　　　　　　　　～するとすぐに～する　強くつかんだ

with his paw when he tried to kill it with a terrible roar. ③The
（ひづめのある動物の）足　　　　　　　　　　　　　　　　　大きな　　うなり声

mouse begged, "Oh, spare me, please! I will be sure to
　　　懇願した　　　　助けてください　　　　　　　　　　必ず～する

repay your kindness." ④The king of beasts was so
返す　　　親切　　　　　　　　　　　　　　　　　　獣　　おもしろがった

amused at the mouse's thought that it would be able to
おもしろがった　　　　　　　考え

help him. ⑤So, he let the scared animal go. ⑥Shortly
　　　　　　　　　　～させた　怯えている　　　　　　　　まもなく

afterward, the lion fell into a trap set by some hunters
　　　　　　　　　　　～に落ち込んだ　罠　仕掛けられた　　　猟師

and was hopelessly caught in a net of strong ropes. ⑦In
　　　　望みなく

his misery, the lion roared so loudly that all the
みじめなことに　　　　　　　吠えた　あまり～なので　大声で

animals in the forest heard him. ⑧The mouse recognized
　　　　　　森　　　　　　　　　　　　　　　　　　気づいた

the roar of the lion who set him free and ran to the place
　　　　　　　　　　　　　　　～させた　逃がす

where the lion lay trapped. ⑨At once the mouse began to
　　　　　　　　～の状態であった　罠にかかった　すぐに

gnaw the ropes with his teeth. ⑩He gnawed rope after
ガリガリかじる　　　　　　　歯　　　　　　　　　　　ロープを次から次へと

rope until at last the lion was free.
　　　～まで　ついに　　　　　　自由に

⑪This expresses "The Principle of Revenge" (A kindness
　　　表現する　　　　原理　　　　仕返し　　　親切

given will never be forgotten) in psychology.
　　　　　　忘れられる　　　　　心理学

[重要構文]

----

② the lion had hardly seized the mouse with his paw when 〜（ライオンはネズミを捕まえるとすぐ、〜）《hardly 〜 when ... は「〜するとすぐに ... する」という意》

⑤ the scared animal （怯えている生き物）《過去分詞の形容詞的用法》

⑦ so loudly that…（とても大声で）《so 〜（形容詞・副詞）+ that ... は、「とても〜なので ... 、、... ほど〜である」という意》

5. ライオンとネズミ

①ネズミが顔の上をかけ抜けたので、眠っていたライオンは、目を覚ましました。②ライオンは大きなうなり声をあげ、足でネズミを捕らえるとすぐに、このネズミを殺そうとしました。③ネズミは、「どうか命だけはお助けを！ 必ず恩返ししますから」と、懇願しました。④百獣の王は、自分を助けてくれるというネズミの考えがとても面白いと思いました。⑤そこで、彼は、その怯えている動物を逃がしてやりました。⑥その後まもなく、ライオンは猟師たちが仕掛けた罠に落ち、強いロープでできた網にかかり、出られなくなりました。⑦みじめなことに、ライオンは大声でうなったので、森中のすべての動物に彼のうなり声が聞こえました。⑧ネズミは、かつて見逃してくれたあのライオンのうなり声だとわかると、ライオンが罠にかかっている場所へ飛んで行きました。⑨ネズミはすばやく、自分の歯でロープをガリガリとかみ切り始めました。⑩ネズミはライオンが自由になるまで、ロープを次々にかみ切り続けました。

⑪このことは、心理学での「返報性の原理」（受けた恩は忘れない）を表わしています。

6. The Two Travelers and the Bear

①When two men were traveling together, a growling
　　　　　　　　旅をしていた　　一緒に　　　　うなっている
bear suddenly came out of the forest and stood in front
クマ　突然に　　　　　　　　　森　　　　　　　　　　～の前に
of them. ②One of the men quickly climbed the nearest
　　　　　　　　　　　　　　すばやく　登った　　もっとも近い
tree and concealed himself in the branches. ③The other
　　　　　隠れた　　　　　　　　枝
man fell flat on the ground, seeing that there was no
　　うつ伏せになった　　　　　　～とわかったので
time to hide. ④He pretended to be dead, for he had heard
　　　隠れる　　～するふりをした
it said that a bear would not touch a dead man. ⑤The bear
　　　　　　　　　　　　　　　　　　死んでいる
came near, sniffed the man's head and body, and then
　　　　　クンクン嗅いだ
lumbered away, back into the forest. ⑥When the bear
のっしのっしと歩いた
disappeared, the man in the tree slid down and asked his
姿を消した　　　　　　　　　　　滑り下りた
friend, "What did the bear whisper to you?" ⑦The other
　　　　　　　　　　　　　ささやく
man replied, "The bear told me never to travel with a
　　答えた
friend who deserts me at the first sign of danger."
　　　　　　見捨てる　　　　　　　　　危険
⑧This story tells us that a friend in need is a friend
　　　　　　　　　　　　　　　　　　困ったとき
indeed.
真の

28

［重要構文］

- -

① two men were traveling together（2 人の男が一緒に旅をしていた）《S + was [were] -ing は過去進行形》

② concealed himself in the branches（枝の中に隠れた）《動詞の目的語になる再帰代名詞。主語そのものに動作がおよぶ》

③ seeing that there was no time to hide（隠れる暇がないと思って、）《分詞構文。「〜なので、〜して、〜ならば、ながら、から」などと訳す》

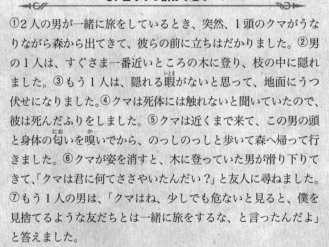

6. 2 人の旅人とクマ

①2 人の男が一緒に旅をしているとき、突然、1 頭のクマがうなりながら森から出てきて、彼らの前に立ちはだかりました。②男の 1 人は、すぐさま一番近いところの木に登り、枝の中に隠れました。③もう 1 人は、隠れる暇（いとま）がないと思って、地面にうつ伏せになりました。④クマは死体には触れないと聞いていたので、彼は死んだふりをしました。⑤クマは近くまで来て、この男の頭と身体の匂（にお）いを嗅（か）いでから、のっしのっしと歩いて森へ帰って行きました。⑥クマが姿を消すと、木に登っていた男が滑り下りてきて、「クマは君に何てささやいたんだい？」と友人に尋ねました。⑦もう 1 人の男は、「クマはね、少しでも危ないと見ると、僕を見捨てるような友だちとは一緒に旅をするな、と言ったんだよ」と答えました。
⑧この物語は、危急のときの友こそ真の友である、ということを教えています。

7. The Hunting-dog and the Watchdog

①There was a man who had two dogs. ②He taught one of them to be a hunting-dog and the other to be a watchdog. ③Whenever the hunting-dog caught something, the watchdog would also share in the spoils. ④This made the hunting-dog angry at the watchdog, since he had to work for everything he had while the watchdog lived off the fruits of the hunting-dog's labor. ⑤The watchdog retorted, "Don't blame me! It's our master's fault. Since he didn't teach me how to work, I only know how to eat the food that others earn."

⑥This fable suggests that poor discipline is bad for children. ⑦At the same time, this story points out the foolishness of favoritism.

［ 重 要 構 文 ］

- -

② He taught one of them to be a hunting-dog and the other to be a watchdog.（彼は1匹には猟犬になるように、もう1匹には番犬になるように教えました）《one ～ and the other ... は、「1つには～で、もう1つには ... である」という意で、主語にも目的語になる》

③ whenever（いつでも）《複合関係詞：ほかには、whoever, wherever（以上、複合関係副詞）、whatever, whichever（以上、複合関係代名詞）がある》

⑤ how to work（働き方）《how to ～ は「～する方法；～の仕方」という意》

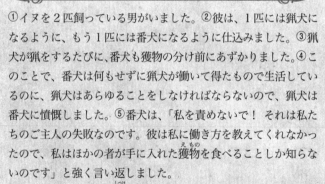

7. 猟犬と番犬

①イヌを2匹飼っている男がいました。②彼は、1匹には猟犬になるように、もう1匹には番犬になるように仕込みました。③猟犬が猟をするたびに、番犬も獲物の分け前にあずかりました。④このことで、番犬は何もせずに猟犬が働いて得たもので生活しているのに、猟犬はあらゆることをしなければならないので、猟犬は番犬に憤慨しました。⑤番犬は、「私を責めないで！ それは私たちのご主人の失敗なのです。彼は私に働き方を教えてくれなかったので、私はほかの者が手に入れた獲物を食べることしか知らないのです」と強く言い返しました。
⑥この寓話は、ヘタな躾は子どもの将来に悪影響を及ぼす、ということを示唆しています。⑦同時に、この話は、えこひいきの愚かさを指摘しています。

8. The Eagle and the Farmer

①An eagle was caught by a farmer.
ワシ　　　捕らえられた　　　農夫
②However, the
farmer let the eagle go when he realized that it was not
　　　　　　　　　　　　　　　悟った
what he had wanted. ③The eagle did not forget this good
　　　　　　　　　　　　　　　　　　　　　忘れる
deed. ④Several days later, when he saw the farmer sitting
行ない　数日後
under a wall that was collapsing, he shot down from the
　　塀　　　　崩れ落ちそうになった　　急降下した
sky in order to snatch the bandana from the man's head to
　　　　　　サッと奪い取る 鉢巻
make the man rise. ⑤When the man set off in pursuit of
　　　　　立ち上がる　　　　　　着手した　　　追求
his bandana, the kindly eagle dropped what he had
　　　　　　　　親切な　　　　落とした
snatched and thus fully repaid the man's good deed. ⑥The
　　　　　このように 十分に 報いた
farmer would have been crushed by the wall's collapse
　　　　　　　　　押しつぶされた　　　　　　崩壊
if he had stayed there any longer. ⑦After a while, the
　　とどまった　　　　　　　　　しばらくして
farmer came back to the place where he had been sitting
　　　　　　　　　　場所
and found that the upright section of the wall had fallen to
気づいた　　　　上の　　部分
the ground.

⑧This fable teaches that if anyone does you a favor you
　　　　　　　　　　　　　　　　　　　　　　好意
must repay him in kind.
　　返す　　　親切に

[重 要 構 文]

- -

② the farmer let the eagle go（農夫はそのワシを放してやった）《S+ 使役動詞（make）+O+（動詞の原形）は、「S は O に C させる」という意。to をとらない使役動詞にはほかに make, have がある》

④ he saw the farmer sitting under 〜（彼は農夫が〜の下に座っているのを見た）《この sitting は動名詞で、動名詞の意味上の主語は the farmer である》

⑤ what he had snatched（彼が奪い取ったもの）《what は先行詞を含む関係代名詞》

8. ワシと農夫

①1 羽のワシが農夫に捕らえられました。②しかし、農夫はそれが自分の捕まえたかったワシでないことを知って、そのワシを放してやりました。③ワシはこの善行を忘れませんでした。④数日後、ワシはこの農夫が崩れ落ちそうな塀のところに座ってるのを見て、彼を椅子から立ち上がらせようと、彼の頭から鉢巻きをサッと奪い取るために急降下しました。⑤農夫が自分の鉢巻きを探し始めると、親切なワシは自分が奪い取ったもの（→鉢巻き）を落としてやり、農夫の善行に立派に報いました。⑥この農夫は、塀のところにもう少し長い間いたら、崩れた塀の下敷きになっていたことでしょう。⑦しばらくして、農夫は以前に座っていた塀のところへ戻ってきて、塀の上の部分が地面に崩れ落ちていることに気づきました。

⑧この寓話は、誰かに親切にされたら、親切でお返しすべきである、ということを教えています。

9. The Fisherman and the Monkey

①One day, a fisherman was using a net to fish in the
漁師　　　　　　　　　　　　　　　　　　　　漁をする
river. ②A monkey saw him catching some fish and
wanted to do the same. ③A little later, as the fisherman
was taking a nap near the river, the monkey grabbed the
昼寝　　　　　　　　　　　　　　　　　　　　つかんだ
net in his hand and tried to set the net in the river.
網をかける
④However, since the monkey did not know anything
～なので
about fishing and did not have any training, he got tangled
訓練　　　　からまった
up in the net. ⑤To make matters worse, he fell into the
物事　　　より悪い　　落ちた
river and was on the point of drowning. ⑥He cried, "Help
～しかけた　　　溺れている
me! Help me!" ⑦Hearing this, the fisherman woke up
目を覚ました
and pulled him up, but he said, "You foolish creature!
彼を引き上げた　　　　　　　　　　ばかな　生き物
Remember that a little knowledge is a dangerous thing."
覚えておく　　　　　知識　　　　　危険な
⑧This fable teaches that you can succeed with backbreaking
成功する　　　骨の折れる
efforts behind the scenes, and acting as a copycat (an apery)
努力　　　　　　　　　　　　　　まねっ子　サルまね
by mistake does not produce a good result, but it brings
うっかり　　　　　産む　　　結果　　　もたらす
some risks instead.
危険　その代わりに

[重 要 構 文]

① a fisherman was using a net（猟師が網を使っていた）《S + was -ing は過去進行形》

② A monkey saw him catching some fish（サルは彼が魚を捕るのを見ました）《「S+ 知覚動詞 +O+C（-ing）」は「O が C（しているの）を〜する」という意》

⑤ to make matters worse（さらに悪いことに）

9. 漁師とサル

①ある日のこと、漁師が川で魚を捕るのに網を使っていました。②サルは彼が魚を捕っているのを見て、自分も同じようにしてみたくなりました。③少し経って、漁師が川の近くで昼寝をしていると、サルは漁師の網を手に取り、川に網をかけようとしました。④しかし、彼は、漁については何も知りませんでしたし、何ら訓練も受けていなかったので、網にからまってしまいました。⑤さらに悪いことに、サルは川へ落ち、溺れそうになりました。⑥彼は、「助けて！ 助けて！」と叫びました。⑦これを聞いて、漁師が目を覚まし、彼を引き上げてくれましたが、「おまえは愚かな生き物だな。生兵法は大怪我のもとってことを覚えておけよ」と言いました。

⑧この寓話は、水面下で不断の努力をすると成功に結びつくが、勘違いして人（サル）まねしてもうまくいかないばかりか、かえって危険を引き寄せてしまう、ということを教えています。

「イソップ物語」から生まれた英語イディオム（1）

[the lion's share]

　直訳すると、「ライオンの分け前」ですが、「最大の分け前」、「一番大きな分け前」、「大部分」、「うまい汁」を意味します

　この表現は、文字どおり、寓話集の「ライオンの分け前」(The Lion's Share) に由来しています。ライオンとキツネとロバとオオカミが獲物を４等分しました。が、この時、ライオンは「最初の４分の１はこれを計画した俺の特権だ。次の４分の１は俺の勇気に、次の４分の１は俺の母親と子どもにだ。残りの４分の１をお前たち３人で分けろ。ただし、俺は４分の３を食べてもまだ腹がすいているってことを忘れるなよ」と言って、結局、ライオンが獲物を独り占めしてしまったのです。内容的には、「不当な分け前」という意にもとれそうですが、この表現に「不当な」の意味合いはありません。ただし、「うまい汁」、「一番よいところ」という皮肉のニュアンスで使われることはあります。

例文1　When my uncle died he left his children a fortune, but his eldest son got the lion's share.

　叔父は子どもたちに遺産を残したが、長男が独り占めしてしまったんだよ。

例文2　Mr. Lynd made a fortune in the stock market, but he gambled the lion's share.

　リンドさんは株式相場で大儲けしたけど、ほとんどをギャンブルですってしまった。

例文3　It is said the lion's share of the budget goes to defense in that country.

　あの国では、予算の大部分が防衛費に充てられているらしいよ。

2

Aesop's Fables
which teach
"how to live"

人間の「生き方」を
教えてくれるイソップ物語

10. The Hare and the Hound

①One day, a hound (猟犬) caught sight of a hare (ウサギ) who was resting (休んでいる) in the bush (茂み). ②Soon (すぐに), the hound tried to catch (捕まえる) the hare. ③The hound ran after (追いかけた) the hare as fast as he could (できる限り速く), but the hare ran faster (より速く) and soon escaped (逃げた). ④At that time, a passing (通りかかりの) shepherd (牧羊犬) saw how the hound had lost (失った) the hare. ⑤He cried scornfully (軽蔑したように), "You still (それでもなお) call yourself a hunter, don't you? Why? That hare was only one-tenth of (10分の1) your size and still he got away from (～から離れた) you!" ⑥"Oh," said the hound, "but don't forget (忘れる) that I was only running for my supper (夕食), while (一方) the hare was running for his life." ⑦This fable teaches us that one's motivation (意欲) to live (seriousness) (真剣) is always greater (より偉大な) than another's motivation to eat (force of habit) (惰性). ⑧A life that is too stable (安定した) makes people corrupt (堕落する).

[重 要 構 文]

- -

④ a passing shepherd（通りすがりの牧羊犬）《現在分詞の形容詞的用法》

⑤ one-tenth of your size（君の身体の 10 分の 1 の大きさ）《分子が複数の場合は、分母を複数形にする：例 two-thirds（3 分の 2）》

⑥ don't forget that 〜（〜を忘れるな）《否定命令文》

10. ウサギと猟犬

①ある日のこと、猟犬が、茂みの中で休んでいるウサギを見かけました。②すぐに、猟犬はウサギを捕まえようとしました。③猟犬は全速力で後を追いかけましたが、ウサギのほうが速く、すぐに逃げられました。④そのとき、通りすがりの牧羊犬は、猟犬がウサギを取り逃がしたのを目にしました。⑤彼は猟犬をバカにしたように、「君はそれでも自分を猟犬と呼ぶのかね？ なぜだい？ あのウサギは君の身体のわずか 10 分の 1 の大きさしかないのに、君から逃げおおせたんだぞ」と大声で言いました。⑥猟犬は、「ああ。でも、僕はただ夕食のために走っているけれど、ウサギは命がけで走っているってことを忘れるなよ」と言いました。

⑦この寓話は、「命がけ」（真剣）は、常に「ご飯がけ」（惰性）に勝ると教えています。⑧過度に安定した生活は、人間を堕落させます。

11. The North Wind and the Sun

①The north wind and the sun were quarreling over which
北風　　　　　　　　　　　　太陽　　　　　　　ケンカしている　　　　どちら

of the two would be more powerful. ②They agreed that
　　　　　　　　　　　　　強力な　　　　　　　　　同意した

the one who could make a man undress would be the
　　　　　　　　　　　　　　　　　　　脱ぐ

winner. ③The north wind went first to the man, and blew
勝者　　　　　　　　　　　　　　　　　　　　　　　　　　　　　吹いた

fiercely against him. ④Thus, the man grew colder and
はげしく　　　　　　　　　　こうして　　　　　　　～になった　ますます寒く

colder, so he only wrapped himself up in his overcoat.
　　　　　　　　　　　　　くるまった　　　　　　　　　　　オーバー

⑤Moreover, he clutched at it tightly so as not to lose it no
さらに　　　　　～を強くつかんだ　しっかりと　～しないために　失う

matter how hard the wind might blow. ⑥So, the north
どんなに～でも　　　　　　　　　　　　　　　　　　そのため

wind failed to make him strip off his overcoat. ⑦Next, the
　　　～することに失敗した　　奪う　　　　　　　　　　　　次に

sun began to shine upon the man so brightly that the air
　　　　　　　照らす　　　　　　　　　　　輝いている　　　　　温度

of the day grew hotter and hotter. ⑧So, the man

immediately took off his overcoat and jumped into the
すぐに　　　脱いだ　　　　　　　　　　　飛び込んだ

river nearby.
　　　近くにある

⑨The wisest way is not to use force against an opponent,
一番賢い方法　　　　　　　　　　力　　　　　　相手

but to use persuasion. ⑩As a foreign policy of the
　　　　説得　　　　　　　　外交政策

country, this metaphor is often used in associating with
国(家)　　　譬え　　　　　　　　　　　　　～とつき合う

neighboring countries.
近隣の

40

[重要構文]

④ the man grew colder and colder（男はますます寒くなってきた）《比較級＋and＋比較級は「ますます〜になる」という意》

⑤ so as not to 〜（〜しないために）《so as to 〜（するために）の否定形》

⑥ make him strip off his overcoat（彼にオーバーを脱がせる）《この make は使役動詞で、後には to なし不定詞をとる》

⑦ so brightly that ...（とても明るく（照る）ので ...）《so 〜 that …（とても〜なので…）は、前から訳すと「非常に〜だから…」と「結果」を、後ろから訳すと「〜くらい非常に…だ」と「様態」を表す》

11. 北風と太陽

①北風と太陽は、どちらがより強いかで言い争いをしていました。②彼らは、ある男のオーバーを脱がせたほうが勝ちとすることで同意しました。③北風が最初に男のところへ行き、強い風を吹きつけました。④こうして、男はますます寒くなってきたので、オーバーにくるまりました。⑤さらに、風がどんなに強く吹いても吹き飛ばされないように、彼はオーバーをしっかりつかみました。⑥そのため、北風は彼のオーバーを脱がせることができませんでした。⑦次に、太陽がその男を目がけて強く照らし始めたので、その日の気温はグングン上がりました。⑧そのため、その男はすぐにオーバーを脱ぎ去り、近くの川に飛び込みました。

⑨もっとも賢いやり方は、相手を威圧するよりも、納得させることです。⑩国の外交政策として、隣国とのつき合い方において、この譬えの方法が使われることがよくあります。

41

12. The Ant and the Grasshopper

①One summer day, a grasshopper was singing happily.
ある夏の日　　　キリギリス　　　　　　　　　　　楽しく

②He came across an ant who was streaming with sweat and
出くわした　　アリ　　　　　　流している　　　汗

carrying food on his back. ③The grasshopper called to the
食べ物　　　背中　　　　　　　　　　　　　〜に呼びかけた

busy ant and said, "Why don't you relax a little?" ④The ant
くつろぐ 少し

said, "I see you do nothing but sing all day. I do not have
一日中

time to fool around. I have to store up food for
ブラブラして遊ぶ　　〜しなければならない 蓄える

the long winter days ahead. I suggest you do the same."
これから先　　　　示唆する　　　同じこと

⑤The grasshopper laughed and said, "Why do you worry
笑った　　　　　　　　　　　　　　　心配する

about winter? I have enough food for the present. It's time to
十分な　　　　　当面は

have fun now!" ⑥Months passed by, and it snowed on the
楽しむ　　　　　数カ月が過ぎ　　　　　　　雪が降った

fields. ⑦The ant was content because in his house there was
満足した

food to last all winter. ⑧But the grasshopper had nothing
生きのびる

to eat. ⑨He said sadly, "Ah, I am dying of hunger. If only I
悲しそうに　　　餓死しつつある　　〜してさえすればなあ

had realized it is best to prepare today for the needs of
〜に気づいた　　　　〜の準備する　　　　必要なもの

tomorrow."

⑩"Providing is preventing." ⑪This fable explains that you
用意すること　予防すること　　　　　　　説明する

must save during the fat years for the lean years.
貯蓄する ～の間　太った(→繁栄の)時代　やせた(→貧窮の)時代

42

[重要構文]

④ I see you do 〜（君が〜するのを見る）《S+ 知覚動詞 +O+C（V の原形）。知覚動詞の場合、後には to なし不定詞をとる》

④ nothing but 〜（〜だけ、〜にすぎない）

⑤ The grasshopper laughed（キリギリスは笑った）《第 1 文型（S+V）》

⑤ It is time to have fun now!（今は楽しくやるときだよ！）《It is time の後には、通例、「仮定法過去」がくる。例：It is time you went to bed.（そろそろ寝る時間だよ）》

12. アリとキリギリス

①ある夏の日、キリギリスは楽しく歌っていました。②彼は、汗水をたらしながら背中に食料を乗せて運んでいるアリに出会いました。③キリギリスは、忙しく働いているアリに向かって、「少しは休んだらどうだい？」と言いました。④アリは「君は、一日中歌を唄うばかりで、何もしないんだね。僕にはブラブラ遊んでいる暇(ひま)なんかないよ。長い冬に備えて食べ物を蓄(たくわ)えなきゃならないから。君も僕と同じようにするといいよ」と言いました。⑤キリギリスは笑って、「なんで冬のことなんか心配するの？　今のところ食べ物がたくさんあるから、今は楽しくやるときだよ！」と言いました。⑥数カ月が過ぎ、野原に雪が降りました。⑦アリは、自分の家には冬を越すのに十分な食べ物があるので、満足でした。⑧しかし、キリギリスには食べ物が何もありませんでした。⑨彼は、「あ〜あ、腹ぺこで死にそうだ。明日のために今日準備するのがベストだと知っていればなあ」と、悲しそうに言いました。⑩「備えあれば憂(うれ)いなし！」（※ 直訳は【用意することは予防することである】）⑪この寓話は、順境にあるときでも、逆境に備えて貯(たくわ)えるべきだ、と説いています。

13. The Hunter and the Woodcutter

①One summer day, a hunter was looking for the lion's
tracks. ②In his search, he came across a woodcutter who
was cutting oaks in the forest. ③The hunter said to the
woodcutter, "Will you do me a favor?" Have you seen the
tracks of the lion? If not, perhaps you can tell me where his
den is?" ④"OK. Well, I will take you right to him." the
woodcutter replied courteously. ⑤Then, the hunter turned
pale, and his teeth began to chatter. ⑥"No-o thank you," he
said. "I did not ask for that! It is only his tracks that I am
in search of, not the lion himself." ⑦"I see," said the
woodcutter. "You call yourself a hunter of lions. But a true
hero must be brave in deed as well as in word."
⑧This fable makes ironical remarks about the man who is
all talk and no action.

[重 要 構 文]

- -

⑥ It is only his tracks that ～（～なのは、彼の足跡だけである）《It is ～ that ... は強調構文》

⑦ you call yourself a hunter of lions（君は自分自身をライオンの猟師と呼ぶ）《第 5 文型（S+V+O+C）》

⑦ in deed as well as in word（言葉だけでなく行動においても）

13. 猟師ときこり

①夏のある日のこと、猟師はライオンの足跡を探していました。②彼がその足跡を探していると、森の中でカシの木を切り倒している１人のきこりに出会いました。③猟師はきこりに、「お願いがあるのですが、ライオンの足跡を見ませんでしたか？ もしくは、彼のほら穴がどこか、教えてくれませんか？」と言いました。④「わかった。では、直接ライオンのところへ連れて行ってやろう」と、きこりは丁寧に応じました。⑤すると、猟師は真っ青になり、彼の歯はガチガチと鳴り始めました。⑥「い、いいえ、結構です」と彼は言いました。「私が求めているのは、そのことではありません！ 私が探しているのはライオンの足跡のみで、ライオンそのものではありません」⑦きこりは、「なるほど。君は自分自身をライオンの猟師と呼んでいるな。でも、真の勇者というのは、口先だけでなく行動においても勇敢でなきゃな」と言いました。⑧これは、口先が達者な人ほど、実際の行動が伴わないことを皮肉った寓話です。

14. The Donkey in the Lion's Skin

①A donkey once picked up a lion's skin in the forest, and
ロバ　　　かつて 拾い上げた　　　　　　　 皮　　　 森
dressed himself in it. ②Then, he enjoyed roaming about
身につけた　　　　　　　　　　　　　楽しんだ　　うろつき回り
in the forest while frightening all the animals he met.
　　　　　脅かしながら　　　　動物たち
③When the donkey saw the fox, he tried to frighten the
　　　　　　　　　　　キツネ　　　　　　　怖がらせる
fox too. ④However, the instant the fox heard the donkey
　　　　　　　　　　〜するとすぐ
bray, he said, "Ah, my friend. I may have been frightened
いななく　　　　　　　　　　　　　　　　恐れた
like other animals if I had not heard your voice first.
　　　　　　　　　　　　　　　　　　　声

⑤This fable tells us that, no matter how wonderful one's
　　　　　　　　　　どんなに〜であろうと　すばらしい
title is, if he does not have much ability, he will show his
肩書き　　　　　　　　　十分な 能力
true colors. ⑥The very popular business drama which has
本性　　　　　　　　人気の　ビジネス・ドラマ
produced the trendy expression, "Double Payback" and
産んだ　　　流行の　表現　　倍返し(←2倍の仕返し)
"Prostration" is the exciting story of a hero who has
土下座　　　　　　痛快な
challenged "The donkey in the lion's skin," the worthless,
〜に―を挑んだ　ライオンの皮をかぶったロバ　　　役に立たない人々(→有象無象)
to a fight without hesitation.
戦い　ためらわずに

*prostration：to apologize humiliatingly with
the knees bent, the hands and head on the
ground (両膝を屈し両手と頭を地面につけて屈辱
的に謝ること)

[重 要 構 文]

- -

① dress himself（自分で服を着る）《oneself は再帰代名詞：目的語になり、主語そのものに動作がおよぶ》

② while frightening all the animals he met（彼が出くわすすべての動物を脅かしながら）《while ～ ing は、「～の間に、～しながら」という意。主語が同じ場合、while の後の主語と be 動詞が省略されることがある》

④ the instant (that) ～（～するやいなや）

④ the fox heard the donkey bray（キツネはロバが鳴くのを聞いた）《S＋知覚動詞＋O＋C（V の原形）。知覚動詞の場合、後には to なし不定詞をとる》

14. ライオンの皮をかぶったロバ

①あるとき、森の中で1匹のロバがライオンの皮を拾い、それを身にまといました。②それから、ロバは出くわすすべての動物を脅かしながら、森の中を楽しくうろつき回りました。③ロバがキツネを見かけたので、このキツネも脅かそうとしました。④しかし、キツネは、ロバが鳴くのを聞くが早いか、「おい、友よ。もしおまえの鳴き声を前に聞いたことがなかったら、俺も（おまえの鳴く声を聞いた）ほかの動物と同じように、おまえを恐れたかもしれないな」と言いました。

⑤この寓話は、人の肩書がどんなにすばらしくても、実力がなければ、いずれ化けの皮がはがれる、ということを教えてくれます。⑥「倍返し」や「土下座」の流行語を産んだ大人気ビジネス・ドラマは、有象無象の「ライオンの皮をかぶったロバたち」に敢然と戦いを挑む主人公の痛快な物語です。

15. The Donkey, the Rooster, and the Lion

①A donkey lived peacefully together with a rooster in the
ロバ　　　　　　　仲よく　　　　一緒に　　　　オンドリ

farmyard. ②One day a hungry lion happened to pass by.
農家の中庭　　　　　　腹を空かせた　たまたま〜した　通りかかる

③His eyes shone with the sight of the plump donkey, and he
輝いた　〜を見て　　　　　丸々太った

thought of the fine supper in store for him. ④But just as the
〜について考えた　夕食　蓄えて　　　　　　〜したちょうどその時

lion was about to jump at the donkey, the rooster began to
〜しようとした　襲いかかる　　　　　　　　始めた

crow. ⑤It is said that there is nothing a lion hates more than
鳴く　〜といわれている　〜ほど―なものはない　とても嫌う

the sound of a cock-a-doodle-doo. ⑥The lion turned
音(→鳴き声)　「コケコッコー」　　　　ふり向いた

and fled at the sound of the rooster's crowing. ⑦The donkey
逃げ出した　　　　　　鳴く

laughed and said. "Why, the lion is a coward! The mighty
笑った　　　　　　　　臆病者　　　強い

king of beasts runs from a rooster." ⑧Then, the donkey was
獣

so bold that he began to chase the lion. ⑨However, when the
勇敢な　　　　　　後を追う

lion turned, the donkey was just behind him. ⑩With a great
うしろに

roar, he leaped upon the donkey. ⑪The rooster watching from
うなり声　飛びかかった

the farmyard said, "Alas, my poor friend did not realize what
農家の庭　　　　　悲しいかな　　　　　　　〜を理解する

he could or could not do."

⑫This story points out that it is foolish to look at only one
指摘する　　　　　愚かな

piece and take it for the whole.
断片　　　　　　全体

48

[重 要 構 文]

②happen to 〜（たまたま〜する）《助動詞的に扱われる》

⑤It is said that 〜（〜といわれている；〜だそうである）《もともとは They say that 〜 と考えられるが、受動態にする場合、主語が長くなるので、形式主語 it で書き換えることが多い》

⑤there is nothing a lion hates more than the sound of a cock-a-doodle-doo（ライオンにはオンドリの鳴き声ほど嫌いなものはない）《nothing is 比較級 more 〜 than ... は「... ほど〜なものはない」という意》

15. ロバとオンドリとライオン

①ロバは農家の庭でオンドリと仲よく暮らしていました。②ある日、たまたま腹を空かせたライオンが通りかかりました。③ライオンは、丸々と太ったロバを見て目を輝かせ、ロバを自分の夕食にしようと考えました。④しかし、ライオンがロバに襲いかかろうとしたそのとき、オンドリが大声で鳴きました。⑤ライオンにはオンドリの鳴き声ほど嫌いなものはないそうです。⑥ライオンはオンドリの鳴き声を聞いて、クルリと向きを変え、一目散に逃げ出しました。⑦ロバは笑って、「なあーんだ、ライオンは臆病もいいところだな！ 偉大な百獣の王ライオンがオンドリから逃げたんだからな」と、言いました。⑧すると、ロバはとても勇敢なので、ライオンの後を追いかけ始めました。⑨しかし、ライオンが後ろを振り向くと、ロバがすぐ後ろまで来ていました。⑩ライオンは、大きくうなって、ロバに飛びかかりました。⑪農家の庭からその光景を見ていたオンドリは、「悲しいかな、僕のかわいそうな友は、できることとできないことがわからなかったんだ」と、言いました。
⑫この話は、ある一面を見て、それが全面だと思い込むことの愚かさを指摘しています。

16. Jupiter and the Queen Bee

①One day the queen bee wished to present a gift of
　　　　　女王バチ　　〜したいと思った

honey to Jupiter. ②She flew up to Mount Olympus to
ハチミツ

collect the freshest honey from honeycombs. ③Jupiter
収集する　もっとも新鮮な　　　　ハチの巣

was so delighted with this gift that he promised to give
〜に大喜びした　　　　　　　　　　　　約束した

the queen bee anything she wanted. ④ Then, the queen

bee asked Jupiter, "All-powerful Jupiter, will you grant
　　　　　　　　偉大なるジュピター様　　　　　〜に—を与える

me a stinger so that I may kill whoever approaches
（生物が生物を刺す）針　〜するために　　　　　　　　　　〜に近づく

my hive to steal my honey?" ⑤Jupiter was shocked
ミツバチの巣箱　盗む　　　　　　　　　　ショックを受けた

to know that the queen bee sought revenge for the theft of
　　　　　　　　　　　　機会をねらった　仕返し　　　　泥棒

her honey in this way. ⑥But he could not take back
　　　　　このようにして　　　　　　　　　取り消す

his promise. ⑦So he said, "I will give you a stinger. But,

when you attack anyone who takes your honey, the wound
　　　　　攻撃する　　　　　　盗む　　　　　　　傷

shall be fatal – but only to you! Use your stinger, and you
　　　　致命的な

will die."

⑧This fable shows that the one who hurts another hurts
　　　　　　　　　　　　　　　　　　　傷つける

himself.

[重 要 構 文]

② the freshest honey（もっとも新鮮なハチミツ）《最上級》

③ anything she wanted（彼女がほしいものは何でも）《（anything と she の間の）関係代名詞が省略されている》

④ Will you grant me a stinger?（針をいただけませんか？）《Will you ～ ?は「～をしていただけませんか？」という意》

⑦ Use your stinger, and ～（針を使いなさい、そうすれば～）《命令文，and ... は「～しなさい、そうすれば ... 」という意》

16. ジュピター神と女王バチ

①ある日、女王バチがジュピター神に、ハチミツをプレゼントしたいと思いました。②彼女は、ハチの巣から最も新鮮なハチミツを集めるために、オリンポス山へ飛んで行きました。③ジュピター神はこの贈り物がとても気に入ったので、女王バチにほしいものは何でも与えると約束しました。④すると、女王バチはジュピター神に、「偉大なるジュピター様。私のミツを盗もうと私の巣に近づいてくる人間を誰でも殺せる針をいただけないでしょうか？」とお願いしました。⑤ジュピター神は、女王バチがこのようにミツを盗む泥棒に仕返しをすることを知って、ショックを受けました。⑥しかし、彼は彼女との約束を取り消すことができませんでした。⑦そこで、ジュピター神は、「おまえに針をやろう。しかし、おまえが、おまえのミツを盗む者を攻撃すると、その傷は命取りになるだろう。だが、それはおまえにだけだ！ その針を使いなさい、そうすればおまえは死ぬだろう」と告げました。⑧この寓話は、他人を傷つける者は自分をも傷つけることになる[自業自得、人を呪わば穴二つ]、ということを教えています。

17. The Fox and the Goat

①A fox mistakenly fell into a deep well and could not get
out. ②At that time, a goat came to drink water at the same
well, too. ③The goat asked the fox in surprise, "What are you
doing down there?" ④The fox thought it best to conceal his
terrible plight. ⑤"Ah," he replied, "I couldn't help drinking
this excellent water. ⑥Why don't you have some?" ⑥The goat
was so thirsty, so he jumped into the well without a second
thought. ⑦Then, just as quickly, the fox leaped upon the goat's
back. ⑧He held onto the goat's long horns, and he came out
of the well safely. ⑨The goat cried, "Wait! Help me out too."

⑩The fox called down, "If you had as many brains in your
head as you have hairs in your beard, you would never have
gone down before checking whether or not you could come
out. I'll help you out only this time, but in the future look
before you leap."
⑪This story points out that the unwise person is dazzled
by quick profits, and tends to fall into a trap of misfortune.

[重 要 構 文]

④ The fox thought it best to conceal ～（オオカミは～を隠すのがベストだと思った）《think it 形容詞 +to の it は、形式目的語。この場合、it の後には感情・判断を表す形容詞や名詞がくる》

⑤ I couldn't help drinking this water（この水を飲まずにはいられなかった）《cannot help ～ ing は「～せざるを得ない」の意》

⑩ whether or not you could come out（君が出られるかどうか）《whether ～ not は「～かどうか」という意であるが、「～であろうとなかろうと」の意になることもある》

17. キツネとヤギ

①1匹のキツネが誤って深い井戸に落ち、抜け出せなくなりました。②そのとき、ヤギも同じ井戸へ水を飲みにやってきました。③ヤギはキツネに、「キツネさんよ、そんなところで何をしてるんだい？」と、驚いて尋ねました。④キツネは自分のひどい窮状を隠すのがベストだと考えました。⑤キツネは、「ああ、このおいしい水を飲まずにいられなかったんだよ。君も少し飲んだらどうだい？」と応じました。⑥ヤギはノドが渇いていたので、深く考えずに井戸に飛び降りました。⑦すると、キツネはすばやく、ヤギの背中に跳び乗りました。⑧キツネは、ヤギの長い角につかまって、無事に井戸から抜け出しました。⑨ヤギは、「待って、僕も助け出してよ」と叫びました。⑩キツネは、「もし君の頭に、君のあごひげの数ぐらいの知恵があったら、抜け出せるかどうか確かめないうちに井戸に降りて行かなかったろうに。今度だけは助け出してやるが、これからは、よく考えてから行動することだな」と、大声で言いました。

⑪この話は、知恵のない人ほど目先の利益に翻弄（ほんろう）されて、不幸のワナに陥りやすい、ということを指摘しています。

18. The Dog, the Meat, and the Reflection

①A dog stole some meat from the butcher shop and ran
　　　　盗んだ　　　肉　　　　　肉屋
away to a river with it. ②When the dog was crossing the
走って行った　　　　　　　　　　　　　渡っていた
bridge, he saw the reflection of the meat in the water, and
橋　　　　　　　反射
the meat looked much larger than his own piece of meat.

③He dropped his into the river trying to snatch at the
　　落とした　　　　　　　　　　　　　　　～をつかみ取る
reflection. ④Since the reflection disappeared, the dog
　　　　　　　　　　　　　　　　消えた
tried to seize the meat he had dropped, but he was not
　　　しっかりつかむ
able to find it anywhere since a passing raven had
　　　　　　　　　　　　　　　　通りかかった カラス
immediately picked up the meat. ⑤The dog lamented his
すぐに　　　拾い上げた　　　　　　　　　　　嘆いた
sorry condition and said, "Alas! I foolishly abandoned
哀れな　状態　　　　　　　　　　　　愚かにも　断念した
what I had in order to grab hold of a phantom. After
　　　　　　　　　　　～をしっかりつかむ　幻影　　結局
all, I ended up losing both that phantom and what I had
　　結果として～になる
to begin with."
最初から
⑥As in the proverb "Between two stools you fall to the
　　　ことわざ　　　　　　　　　　　腰掛け
ground," Aesop warns us that, if you are greedy, you may
　　　　　　警告する　　　　　　　　　　欲ばりな
run a risk of losing everything.
危険をおかす　失うこと

[重 要 構 文]

③ he dropped his（彼は自分のもの（肉）を落とした）《この his（彼のもの）は所有代名詞》

⑤ both that phantom and what I had（幻影と私が持っていたものの両方）《both A and B は「A も B も両方が〜である」という意》

⑤ what I had（私が持っていたもの）《what は先行詞を含む関係代名詞で、名詞節を導く》

18. イヌと肉と（水面に映った）影

①イヌが肉屋から肉を奪い、それをくわえて川のところへ走って行きました。②イヌが橋を渡っていると、水面に肉が映っているのが見え、その肉は自分がくわえている肉よりかなり大きく見えました。③彼は、水に映った肉をつかみ取ろうとして（口を開けたので）、（自分がくわえていた）肉を川へ落としてしまいました。④水面に映った影が消えたので、イヌは自分が落とした肉をつかもうとしましたが、どこにも見当たりませんでした。というのは、通りかかったカラスがすばやくその肉を拾い上げていたからです。⑤イヌは、自分の哀れな状態を嘆き、「あ〜あ、悲しいかな、私は幻影をしっかりつかもうとして、おろかにも自分がすでに持っていたものも失ったよ。結局、私は、幻影と最初から持っていたものとの両方を失ってしまったよ」と言いました。

⑥「虻蜂取らず」（※直訳は【二つの腰掛けの間に座れば尻餅をつく】）とことわざにあるように、欲ばって両方を取ろうとすると、すべてを失う危険性がある、とイソップは諭しています。

19. The Shepherd Boy and the Wolf

①One day after another, a shepherd boy had to keep
くる日もくる日も   ヒツジ飼い
watching a flock of sheep in the hills. ②As the shepherd
        群れ   ヒツジ   丘
boy was not happy with a monotonous job, one day, he ran
                        単調な
down from the hills shouting, "Wolf! Wolf!" ③The villagers
                叫びながら   村人たち
came running with sticks to chase the wolf away. ④All they
                棒   追い払う
saw was the shepherd boy. ⑤The boy laughed at them for
                                    笑った
their pains. ⑥As his trick worked well, the boy used the
    努力   イタズラ うまくいった
same trick again the next day. ⑦Again the villagers ran to

his aid in vain. ⑧But the day after, it happened that a wolf
        無駄に   たまたま～になった
really came. ⑨The shepherd boy, now truly alarmed,
                                本当に 驚いた
shouted earnestly, "Help! Come and help me! The wolf is
        真剣に
killing the sheep!" ⑩However, this time none of the
                    しかし   誰も～ない
villagers paid any attention to his cries. ⑪The Japanese
        注意を払う   日本の
government released "the declaration of a state of
政府   発令した   宣言   事態
emergency" for COVID-19. ⑫Sure enough, coronavirus
緊急   確かに   コロナウイルス
must be a wolf for all of us. ⑬However, if people fear
～に違いない   怖がる
COVID-19 too much, in the meantime, they might get used
新型コロナウイルス感染症 必要以上に そのうち   ～に慣れる
to it and will not fear it anymore.
                    もはや～（ない）

[重 要 構 文]

① one day after another（くる日もくる日も）《one after another は「次々に、連続して」という意》

① keep watching 〜「〜を見守り続ける」《keep 〜 ing は「〜し続ける、〜してばかりいる」という意》

④ all they saw was 〜（彼らが目にしたものといえば、〜だけだった）《all 〜は、「は〜だけである」という意》

⑧ it happened that 〜（たまたま〜になった）

19. ヒツジ飼いの少年とオオカミ

①ヒツジ飼いの少年はくる日もくる日も、丘の上でヒツジの群の番をしなければなりませんでした。②少年は、単調な仕事に満足しなかったので、ある日、「オオカミだ！ オオカミだ！」と叫びながら丘から駆け下りてきました。③村人たちは、それぞれ手に棒切れを持ってオオカミを追い払おうと駆けつけました。④彼らがそこで目にしたのは、ヒツジ飼いの少年の姿だけでした。⑤少年は、（オオカミを追い払おうと）努力した村人たちの様子を見て笑いました。⑥ヒツジ飼いの少年は、このイタズラがうまくいったので、翌日もまた同じイタズラをしました。⑦今度もまた村人たちは彼を助けに走って来ましたが、徒労に終わりました。⑧しかし、その翌々日、たまたまオオカミが本当にやってきました。⑨ヒツジ飼いの少年は、今度は本当に驚いて、「お願いです！ 助けに来て！ オオカミがヒツジを殺してるよ！」と真剣に叫びました。⑩しかし、今度は、村人たちは誰一人、彼の叫び声に耳を傾けませんでした。⑪日本政府はコロナ禍で「緊急事態宣言」を発令しました。⑫確かに、コロナウイルスはオオカミに違いありません。⑬しかし、必要以上に怖がりすぎると、そのうち、人々は慣れて、怖がらなくなります。

20. The Playful Donkey

①A monkey climbed up to the roof of a building and
　　　　　　　登った　　　　　　屋根　　　　　建物
enjoyed jumping and dancing about. ②The owner of the
楽しんだ　　　　　　　　　　　　　　　　　持ち主
building not only laughed but also praised his amusing
　　　　 ～だけでなく―も 笑った　　　　　　褒めた　　　　　　面白い
performance. ③The next day a donkey climbed to the roof,
パフォーマンス
and while he was dancing about he mistakenly broke a
　　　　　　　　　　　　　　　　　　　　　誤って　　　壊した
large part of the roof. ④The owner of the building went up
大部分　　　　　　　　　　　　　　　　　　　　　　　　登った
after him quickly and beat him strongly with a thick
　　　　　　　　　　　　　　打った　　　強く　　　　　太い木の棒
wooden club. ⑤"Why do you beat me so severely?" the
　　　　　　　　　　　　　　　　　　　　　激しく
donkey groaned. "Why, the monkey did the same yesterday
　　　　 不平を言った　だって
as I did, and all you did was laugh!" ⑥The owner said,
"That is quite true, but you must realize that what is
　　　 まったくそのとおり　　　　　　　理解する
right for one may be quite wrong for another." ⑦In the past,
　　　　　　　　　　まったく　間違っている　　　　　以前は
it seemed, when office workers worked at home, they were
　　　　　　　　　会社員　　　　働いた　　家で
looked coldly upon by everyone in many cases. ⑧However,
見られた 冷たく　　　　みんな
in the age of COVID-19, this is called "telework" or
　　　　時代　新型コロナウイルス感染症　　　　　　　　テレワーク
"remote work," and it is recommended.
リモート　ワーク　　　　　　推奨される

58

[重要構文]

②not only laughed but also praised ～（笑っただけでなく、～を褒めもした）
《not only A but also B は「A だけでなく B も」という意》

⑤the same as I did（私がしたことと同じこと）《the same as ～ は「～と
同じように」という意》

⑤all you did was ～（あなたは～しただけでした）《All 主語＋動詞は「～
は ... しただけである」という意》

⑤laugh（笑う）《be 動詞の直前に do がある場合、be の後の to は省略され
ることが多い》

20. 陽気なロバ

①1 匹のサルが、建物の屋根に上がって、楽しく跳ねたり踊った
りしていました。②建物の持ち主は笑うだけでなく、サルの面白
いパフォーマンスを褒めもしました。③翌日、ロバが屋根に登り、
踊っていて、誤って屋根の大部分を壊してしまいました。④建物
の持ち主はすぐに、彼の後について屋根に登り、太い木の棒でロ
バを強く打ちました。⑤ロバは、「どうしてそんなに強く僕を打
つんですか？」と不平を言いました。「だって、昨日はサルが私
と同じことをしたのに、あなたは笑ってただけですよ！」⑥持
ち主は、「まったくそのとおりだ。でも、おまえは、ある者には
正しいことが、他の者には大きく間違っていることがあるってこ
とを知るべきだな」と言いました。⑦以前は、会社員が家で仕
事をすると、白い目で見られることも多かったようです。⑧し
かし、コロナ禍では、それが「テレワーク」とか「リモートワ
ーク」と呼ばれ、推奨されています。

21. The Lion and the Bulls

①A lion wandered around in a pasture where four bulls
うろつき回った　　　　　　　　牧場　　　　　　　雄牛

were grazing. ②He tried many times to capture them,
草を食べていた　　　　　　　　　　　　　捕らえる

but each time he failed. ③Whenever he came near the
　　毎回　　　　失敗した　　～するといつでも

bulls, all of them turned around and formed a ring.
　　　　　　　　　　　向きを変えた　　　　　輪になった

④So, no matter which way the lion approached, he only
　　どちらに～しても　　　　　　　近づいた

met their horns. ⑤One day, however, the bulls had a
　　　　角　　　　　　　　　　　　　　　　　　ケンカをした

quarrel and would not speak to one another. ⑥Each went

alone to a different part of the pasture to eat grass. ⑦This
1頭で　　　異なる　　　　　　　　　　牧草

was the very moment that the lion had been waiting for.
　　まさにその瞬間　　　　　　　　　待ちかまえていた

⑧He attacked the bulls one by one and killed them all.
　　攻撃した　　　　　　1頭ずつ　　　　殺した

⑨Well fed and contented, the lion said to himself, "Those
たっぷり食べて　満足して　　　　独り言を言った

beasts would still be grazing had they remembered,
獣　　　　　　いまだに　　　あの連中が覚えていれば

'United we stand; divided we fall'."
団結すると　　　分裂すると

⑩Today's COVID-19 is a serious matter for all of us.
昨今の～　　　　　　　深刻な　問題

⑪The coronavirus will never die down unless we all try
　　　　　　　　　　　　　終息する　もし～でなければ

to avoid the infection in a coordinated manner.
防止する　　感染　　　　協調した　　やり方

60

[重要構文]

④ no matter which way the lion approached（ライオンがどちらへ向かおうと）《no matter which ～は「どちらに～しようと」という意》

⑨ Well fed and contented,（たっぷり食べて満足して、）《受動態の意味を表す分詞構文は、being＋過去分詞の being が省略されて、過去分詞で始まるのが一般的。この後の United we stand; divided we fall. も同じ》

⑨ had they remembered,（あの連中が覚えていれば）《この文はもともと if they had remembered, であるが、if が省略されたので、主語 (they) と動詞 (had) の順が逆になっている。これを倒置構文という》

21. ライオンと雄牛

①４頭の雄牛が草を食べている牧場を、１頭のライオンがうろつき回っていました。②ライオンは、何度も雄牛を捕らえようとしましたが、毎回、失敗に終わりました。③ライオンが雄牛に近づくたびに、４頭の雄牛は向きを変えて輪になりました。④そのため、ライオンがどちらへ向かっても、あるのは雄牛の角ばかりでした。⑤しかし、ある日のこと、雄牛たちがケンカをして、互いに口をきかなくなりました。⑥雄牛たちは草を食べるために、バラバラに牧場の別の場所へ行きました。⑦これこそまさに、ライオンが待ちかまえていた瞬間でした。⑧ライオンは、１頭ずつ、雄牛に襲いかかり、すべての雄牛を殺しました。⑨ライオンは、たっぷり食べて満足し、「あの連中が、『団結すれば立ち、分裂すれば倒れる』ということを覚えていれば、いまも草を食べているだろうに」と独り言を言いました。

⑩昨今のコロナ禍はわたしたちみんなの深刻な問題です。⑪みんなが足なみをそろえて感染防止に努めなければ、終息はおぼつきません。

22. The Mice in Council

①One day the mice [マイス / ネズミたち] held a meeting [会議を開いた] to discuss [話し合う] how to protect [守る] themselves from their enemy [敵], the cat. ②They talked for many hours, but could not reach a conclusion [結論に達する]. ③At last [ついに] one of the young mice said, "We all know that it is our greatest danger [危険] that our enemy [敵] approaches [近づく] us. So, I propose [提案する] that a bell [鈴] be hung around [つり下げられる] the neck [首] of the cat. Then we will always know wherever she goes." ④The mice were very excited [とても興奮した] at his idea [考え]. ⑤The moment they agreed [~するやいなや / 同意した], an old mouse spoke quietly [もの静かに], "Yes, that is indeed [本当に] a good idea. When the bell tinkles [チリンチリン鳴る] on the neck of the cat, we will have time to hide [隠れる]. But tell me which one of us is going to bell on the cat [~に鈴をつける]." ⑥No one spoke. ⑦The old mouse continued [続けた], "Many things are easier said than done."

⑧It is easy for us, the Japanese people, to give frank advice [苦言] about the government policies [政策]. ⑨However, the age might have come when each [おのおの] of us should think seriously [真剣に] about what we can do for ourselves [私たち自身のために].

[重 要 構 文]

- -

① their enemy, the cat（彼らの敵、つまりネコ）《カンマの両側は同格》

③ I propose that a bell be hung around the neck（首の周りに鈴をつ ける
　ことを提案します）《propose、command, suggest などに that 節が続く
　場合、米語では通例、should のない原形（ここでは be）を用いる》

⑤ the moment ～（～するやいなや）《as soon as もほぼ同じ意で使われる》

22. ネズミの会議

①ある日のこと、ネズミたちは、自分たちの敵であるネコからいかに身を守るかを話し合うために会議を開きました。②彼らは何時間も会議をしましたが、結論に達しませんでした。③ついに、1匹の若いネズミが、「我々はみな、敵が近づいてくるのが、我々の最大の危険であることを知っています。そこで、私はネコの首の周りに鈴をつけることを提案します。そうすれば、我々はいつでも、ネコがどこにいるかわかります」と言いました。④ネズミたちは彼の考えにとても興奮しました。⑤彼らがこの考えに賛成するやいなや、1匹の年老いたネズミが、「そうだ、それは本当にすばらしい考えだ。鈴がネコの首でチリンチリンと鳴ると、我々には隠れる時間があるだろう。でも、誰がネコに鈴をつけるのか教えてくれ」と、もの静かに言いました。⑥誰も発言しませんでした。⑦その年老いたネズミは、「多くのことがらは、言うのはやさしくとも、行なうのは難しいんだよ」と続けました。
⑧私たち国民が政府の施策に苦言を呈するのは簡単です。⑨しかし、私たち一人一人が自分に何ができるのかということを真剣に考えないといけない時代が来ているのかもしれません。

23. The Fox and the Crow

①A hungry crow stole a piece of meat. ②Just as she was
about to take the first bite in the branch of a tree, a sly fox
called from below. ③The fox said, "Good day, Miss. Frankly
speaking, you are beautiful, your feathers are glossy, your
eyes are shining! Your voice must be more beautiful than
those of any other birds in the world. If I could hear one song
from you, I would surely greet you as the queen of birds."
④The vain crow believed what the fox said. ⑤Fluttering her
wings, the crow lifted her head and opened her mouth to
caw. ⑥At the same time, she dropped the meat to the
ground. ⑦Then the fox immediately picked it up. ⑧As the
fox walked away, he said to the crow, "You had better not
trust those who praise you falsely."
⑨There is a proverb "Bees that have honey in their
mouths have stings in their tails." ⑩You must beware of
those who approach you using sweet talk, because they
may have bad intentions.

［重要構文］

③ frankly speaking,（率直に言うと、）《慣用的な独立分詞構文》

③ your voice must be more beautiful than those of any other birds（あなたの声はほかのどんな鳥の声よりも美しいに違いない）《that of ～の that は、前出の名詞（上例では voice）の代わりとして用いられる。名詞が複数の場合は those になる》

23. キツネとカラス

①腹を空かせた1羽のカラスが、肉を1切れ盗みました。②カラスが木の枝に止まってその肉を1口食べようとしたとき、ずる賢いキツネが下から声をかけました。③キツネは、「こんにちは、カラスさん。率直に言って、あなたは綺麗ですし、あなたの羽根は黒々してツヤがあり、あなたの目は輝いていますね！ あなたの声はきっと世の中のどの鳥の声よりも美しいに違いないね。歌を1曲歌って聴かせてもらえると、私は間違いなくあなたを鳥の女王として歓迎しますよ」と言いました。④虚栄心の強いカラスは、キツネの言うことを信用しました。⑤カラスは翼をバタバタさせ、頭を上げて「カア」と鳴くために口を開けました。⑥と同時に、カラスはくわえていた肉を地面に落としてしまいました。⑦すると、キツネはすばやくその肉を拾い上げました。⑧キツネは、立ち去り際、カラスに「君は、不誠実に褒める者を信用すべきではないよ」と言いました。

⑨「口に蜜あり、腹に剣あり」（※直訳は【口に蜜を持つ蜂は尾に針を持つ】ということわざがあります。⑩よからぬ魂胆を持った者は、甘い言葉で接近してくるので、こういう連中には要注意です。

24. The Frogs Who Desired a King

①The frogs were tired of playing. ②And, they did not
　　　　　　～に疲れた　　遊ぶこと
know what to do next. ③So, they requested Jupiter to send
　　　　　　　　　　　　　　　　　　要求した
them a king. ④ He laughed at them and threw down a log
　　　王様　　　　　～を笑った　　　　　投げ下ろす　　丸太
into the swamp, saying "OK. Here is your King!"
　　　　沼地
⑤After they enjoyed touching it and jumping up and down
　　　　　　　～を楽しんだ　触ること　　　　跳んだり跳ねたり
to their heart's content, they complained to Jupiter, "Well,
　　　思う存分　　　　　　　不満を言った
this king does not move! We want a real king, one who
　　　　　　　　動く　　　　　　　　本当の王様
will really rule over us." ⑥Jupiter said, "OK, I will send
　　　　支配する　　　　　　　　　　　　　　　　　　　～に一を送る
you a king who does move." ⑦So, he sent them a water
　　　　　　　　　　　　　　　　　　　　　　　　　　ミズヘビ
snake, but at once the water snake began to devour the
　　　　　　すぐに　　　　　　　　　　　　　　　　ガツガツ食べる
frogs. ⑧This time, the frogs cried, "Spare us, Jupiter."
　　　　　　　　　　　　　　　　　　　～を助けて
⑨"No." said Jupiter scornfully. "Since you were not happy
　　　　　　　　怒りを込めて
with the previous king, you had better make the best of the
　　　　　　前の　　　　　～したほうがよい　～となんとかうまくやっていく
new king."

⑩This fable points out the importance of knowing one's
　　　　　　指摘する　　　重要性
place. ⑪Also, it warns of the danger in asking for change
立場　　また　～について警告する　危険　　　～を求めること　変化
so quickly.
　すばやく

66

[重 要 構 文]

② what to do（何をすべきか）《what to do（疑問詞 +to 不定詞は「どうしたらいいか、何をすべきか」という意》

⑤ After they enjoyed touching it（それに触って楽しんだ後で）《enjoy は目的語に動名詞（〜 ing）をとる動詞。この種の動詞にはほかに、mind、avoid、finish、practice、give up などがある》

24. 王様を求めるカエルたち

①カエルたちは遊び疲れていました。②そして、次に何をしたらいいかわかりませんでした。③そこで、彼らは、ジュピター神に王様を送ってくれるようにお願いしました。④ジュピター神は、彼らを笑って、「よろしい。これがおまえたちの王様だ！ 」と言いながら、丸太を1本、沼に投げてよこしました。⑤カエルたちは、しばらく王様に触れたり、思いっきり跳んだり跳ねたりして楽しく遊んでから、「あのー、この王様は動かないのです。我々は、本当の王様、つまり我々を支配してくれる王様がほしいのですが」と、ジュピター神に不満を言いました。⑥ジュピター神は、「よろしい、動く王様を君たちに送ろう」と言いました。⑦そこで、彼はミズヘビを送りましたが、ミズヘビはカエルたちをガツガツ食べ始めました。⑧カエルたちは今度は、「助けてください、ジュピターの神様」と叫びました。⑨ジュピターは、「ダメだ。おまえたちは、前の王様に満足しなかったのだから、今度の新しい王様とはうまくやっていくべきだ」と、怒って言いました。⑩この寓話は、分をわきまえることの重要性を指摘しています。⑪また、安易に刺激を求めることの危険性をも諭しています。

25. The Wolf and the House Dog

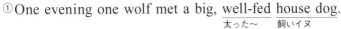

① One evening one wolf met a big, well-fed house dog.
　　　　　　　　　　　　　　　　　　 太った〜　　飼いイヌ

② He saw the dog wearing a heavy collar around his neck.
　　　　　　　　　　 身につけている　　　首飾り　　　　　　　 首

③ So, the wolf asked, "Who is it that feeds you so well,
　　　　　　　　　　　　　　　　　　　　 エサをくれる

and who is it that burdens you with so heavy a collar?"
　　　　　　　　　　 〜で重荷を負わせる　　　　　 重い

④ "It is my master," the house dog replied. ⑤ The wolf
　　　　　　　 主人　　　　　　　　　　　 答えた

said, "I would not change places with you, my friend, nor
　　　　　　　　　　 〜と代わる　立場

wear your collar for any master, no matter how well he
　　　　　　　　　　　　　　　　　　　 どんなにたくさん〜でも

fed me. The weight of that collar would spoil my
　　　　　　 重さ　　　　　　　　　　　　　　 台無しにする

appetite. Half a meal in freedom is better than a full
食欲　　　　　 食事　　 自由に（できる）

meal in bondage."
　　　 奴隷の身分で（する）

⑥ There is a tradeoff between stability and freedom.
　　　　　　　 両立しえない関係　　　 安定

⑦ Modern people ask for too many freedoms, and because
現代の　　　　　 〜を求める とても〜　　 自由　　　　 〜のせいで

of that, they lead an inconvenient life instead.
　　　　　　 （生活を）送る　不自由な　　 生活 その代わりに

68

［重要構文］

③ so heavy a collar（そんなに重い首飾り）《リズムの関係で、a so heavy collar を so heavy a collar とするのが一般的》

⑤ I would not change places with you, my friend, nor wear your collar（友よ、僕は君と代わりたくはないし、首飾りをつけたくもない）《not A nor B は「A も B もない」という意。節が続く場合には、（助）動詞が主語前に出て倒置する。少し堅い表現》

⑤ no matter how well he fed me（彼がどんなにたくさんのエサを与えてくれても）《no matter + 疑問詞（what 〜, which 〜, who 〜, where 〜, when 〜, how 〜）は、「たとえ何が、どれが、誰が、どこに、いつ、どんなに〜であろうとも」を意味する》

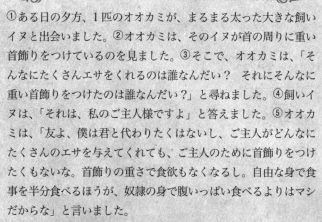

25. オオカミと飼いイヌ

①ある日の夕方、1匹のオオカミが、まるまる太った大きな飼いイヌと出会いました。②オオカミは、そのイヌが首の周りに重い首飾りをつけているのを見ました。③そこで、オオカミは、「そんなにたくさんエサをくれるのは誰なんだい？　それにそんなに重い首飾りをつけたのは誰なんだい？」と尋ねました。④飼いイヌは、「それは、私のご主人様ですよ」と答えました。⑤オオカミは、「友よ、僕は君と代わりたくはないし、ご主人がどんなにたくさんのエサを与えてくれても、ご主人のために首飾りをつけたくもないな。首飾りの重さで食欲もなくなるし。自由な身で食事を半分食べるほうが、奴隷の身で腹いっぱい食べるよりはマシだからな」と言いました。

⑥安定と自由はトレードオフ（あちらを立てれば、こちらが立たない）の関係にあります。⑦現代人は自由を求めるあまり、そのせいで、かえって不自由になっているのかもしれません。

26. The Cat and the Stork

①There was a cat who dearly loved fish, but he didn't like
とても
to get his feet wet. ②Luckily, the cat saw a stork
脚を濡らす   幸いにも   コウノトリ
carrying an eel. ③So, the cat said to the stork, "Oh, how
ウナギ
beautiful a bird you are! You have such a red beak and
クチバシ
such white feathers! Could it be that your beak is just as
羽根
red on the inside as it is on the outside?" ④The stork
一と同じくらい赤い
didn't answer the cat, keeping her mouth shut, so that she
答える   口を閉じたまま   そのため
wouldn't lose her eel. ⑤Then the angry cat began
怒った
insulting the stork. ⑥He said, "You must be deaf or
侮辱し始めた   耳が聞こえない
dumb! Why don't you answer me? You do eat snakes
口がきけない   ヘビ
sometimes, don't you? Snakes are poisonous and filthy!
時どき   毒のある   不潔な
A nice animal likes to eat nice things, but you like to eat
動物
filthy things! That means you are the most filthy bird in
the world!" ⑦The stork didn't say anything, and just kept
on walking, carrying her eel.
歩き続けた
運びながら
⑧Aesop warns us not to listen to those who make
～しないように
unreasonable requests and slander out of jealousy.
不当な   悪口を言う ～から 嫉妬

70

[重要構文]

③ how beautiful a bird you are! （君はなんて美しい鳥なんだ！）《感嘆文》

⑥ Why don't you answer me? （私の質問に答えたらどうなんだい？）《Why don't you ～？は、提案・勧誘を表す。簡略形は Why not ～？》

⑥ You do eat snakes sometimes, don't you? （君はときにはヘビも食べるんだろ、な？）《付加疑問では、付加の部分の語順は、主節の反対（「S+V」→「V+S」）になる》

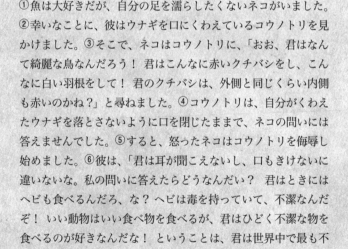

26. ネコとコウノトリ

①魚は大好きだが、自分の足を濡らしたくないネコがいました。②幸いなことに、彼はウナギを口にくわえているコウノトリを見かけました。③そこで、ネコはコウノトリに、「おお、君はなんて綺麗な鳥なんだろう！ 君はこんなに赤いクチバシをし、こんなに白い羽根をして！ 君のクチバシは、外側と同じくらい内側も赤いのかね？」と尋ねました。④コウノトリは、自分がくわえたウナギを落とさないように口を閉じたままで、ネコの問いには答えませんでした。⑤すると、怒ったネコはコウノトリを侮辱し始めました。⑥彼は、「君は耳が聞こえないし、口もきけないに違いないな。私の問いに答えたらどうなんだい？ 君はときにはヘビも食べるんだろ、な？ ヘビは毒を持っていて、不潔なんだぞ！ いい動物はいい食べ物を食べるが、君はひどく不潔な物を食べるのが好きなんだな！ ということは、君は世界中で最も不潔な鳥だな！」と言いました。⑦コウノトリは何も言わず、ウナギをくわえたまま、ただ歩き続けました。

⑧イソップは、クレーマーによる不当な要求や、嫉妬がらみの誹謗中傷には耳を傾ける必要がない！ と警告しています。

27. The Porcupine and the Moles

①It was late fall, so a porcupine was looking for a
　　　　晩秋　　　　　　　　ヤマアラシ　　　　　　探している
home for the winter. ②He found a nice cave, but saw that it
　　　　　　　　　　　　　見つけた　　　洞穴　　　～ということがわかった
was occupied by a family of moles. ③The porcupine asked
　　　占められた　　　　　　　モグラ　　　　　　　　～に一するよう頼んだ
the moles to share the home for the winter. ④The generous
　　　　　　　　共有する　　　　　　　　　　　　　　　　気前のよい
moles consented, so the porcupine moved in. ⑤But the
　　　同意した　　　　　　　　　　引っ越してきた
cave was small, and whenever the moles moved around
　　　　　　　　　　　　　　～するたびに
they were scratched by the porcupine's sharp quills. ⑥The
　　　引っかかれた　　　　　　　　　　　　　　　鋭い　　針毛
moles endured this discomfort for as long as they could,
　　　我慢した　　　不快さ
but, at last, they gathered courage to approach this visitor.
　　　ついに　　　集めた　　勇気　　　近づく　　　　　来訪者
⑦They said, "Please leave out of here, and let us have
　　　　　　　　　　　　～から出て行く　　　　　　　　～を独占する
our cave to ourselves once again." ⑧The porcupine said,
　　　　　　　　　　　　　　もう一度
"Oh no! This place suits me very well. If you moles are
　　　　　　　　　　　適する
not satisfied, I suggest that you leave!" ⑨The shark *Buy
満足しない　　　　　提案する　　　　　　去る　　　　欲深い　　日本買い
Japanese" by Chinese and others has become the topic of
　　　　　　　　　中国人　　　その他の国の人々　　　　　トピックス
conversation." ⑩We should be careful not to carry out the
会話　　　　　　　　　　　　　注意する　　　～しない(ように)　・・を実行する
proverb "A falling master makes a standing servant."
ことわざ　　　落ちぶれる～主人　　　　　出世する～　使用人

*Buy Japanese：このJapaneseは「日本製品」の意。

72

[重要構文]

- -

⑥ as long as they could（彼らができる限り）《as long as ～「する限り」は条件を表す接続詞の働きをする》

⑧ I suggest that you leave（おまえたちが出て行くべきだな）《command, suggest, propose などに that 節が続く場合、米語では通例、should のない原形を用いる》

27. ヤマアラシとモグラ

①秋も深まったので、ヤマアラシが冬を越すために棲み家を探していました。②彼は気に入った洞穴を見つけましたが、そこにはモグラの家族が住んでいることに気づきました。③ヤマアラシはモグラに、冬の間、一緒に住ませてくれるように頼みました。④気前のよいモグラが承諾したので、ヤマアラシは引っ越してきました。⑤しかし、洞穴が小さかったので、モグラは動き回るたびに、ヤマアラシの鋭い針毛にひっかかれました。⑥モグラは長い間、この不愉快さに我慢してきましたが、ついに勇気を出してこの来訪者に近づきました。⑦モグラは、「どうか、ここから出て行ってください。もう一度、私たちだけにこの洞穴を使わせてください」と言いました。⑧ヤマアラシは、「いや、ダメだ。この場所は私にはとても住み心地がいい。ここが気に入らなければ、おまえたちが出ていくがいい」と言いました。⑨中国などの露骨な「日本買い」が話題になっています。⑩庇を貸して母屋を取られる（※直訳は【落ちぶれる主人は出世する使用人を作る】）ことがないように注意したいものです。

73

28. The Stag and His Reflection

①A stag was thirsty, so he came to a spring in order to
drink some water. ②When he saw the reflection of his
body in the water, he was disappointed at the slenderness
of his legs, but was fascinated by the shape and size
of his horns. ③In the meantime, some hunters came and
began to chase him. ④As the stag ran on the plain, he
outdistanced his pursuers. ⑤But, without thinking about
what he was doing, the stag kept on going.

⑥Unfortunately, his horns became tangled in the
overhanging branches and he was captured by the
hunters. ⑦The stag groaned and said, "Woe is me,
wretched creature that I am! The trouble that I
disparaged could have saved me, while I have been
destroyed by the very thing I boasted about."
⑧This fable shows that sometimes one's weakness will
be a strength (fortune) and sometimes his strength will
be a weakness (misfortune).

［ 重 要 構 文 ］

- -

② When he saw the reflection of his body, he was disappointed at ～（彼は水面に自分の身体が映るを見て、～を嘆きました）《この when は、「時」を表す接続詞で、「～のとき」という意》

⑤ without thinking about ～（～ついて考えずに）《without ～は「～をせずに」という意》

⑤ what he was doing（彼がしていること）《先行詞を含む関係代名詞。「～のところのこと・もの」という意になる。what で始まる名詞節は、文全体の主語、補語、目的語になる》

28. 雄鹿と自分の影

①雄鹿はとてもノドが渇いていたので、水を飲みに泉のところへやって来ました。②彼は、水面に自分の身体が映るのを見て、自分の足の細さを嘆きましたが、角の形と大きさに満足しました。③そうこうしているうちに、何人かのハンターが現れ、彼を追いかけ始めました。④雄鹿は、全力で平原を走ったので、彼らから完全に逃げ切りました。⑤しかし、雄鹿は自分が何をしているかを深く考えずに、走り続けました。⑥不運にも、途中で垂れ下がっている木の枝に角が引っかかり、ハンターたちに捕まってしまいました。⑦雄鹿はうなって、「ああ、困った。僕はなんてみじめなんだろう。自分が嘆いていたもの（足）が自分を救ってくれたが、自分が自慢していたそのもの（角）で、自分をダメにしてしまったのだから」と言いました。
⑧この寓話は、短所はときに長所（幸い）となり、長所はときに短所（災い）となる、と教えています。

29. The Lion, the Hare, and the Deer

①One morning, a lion found a hare sleeping well. ②But
　　　　　　　　　　　　　見つけた　　　　　眠っている
just as he was about to devour the creature, the lion
　　　　　～しようとした　むさぼり食う　その生き物(→ウサギ)
happened to see a passing deer, so he abruptly abandoned
たまたま～した　　　　　　　　　　　　　不意に　　　見捨てた
the hare and began to chase after the deer. ③Awakened
　　　　　　始めた　～のあとを追いかける　　　　　目を覚まして
by this noise, the hare leaped up and bounded away. ④In
　　　騒ぎ　　　　　　跳び上がった　　ピョンピョン跳ねて行った
the meantime, even though the lion spent a long time
一方　　　　　～にもかかわらず　　　　　費やした
chasing the deer, he didn't catch her in the end. ⑤He
追いかけている　　　　　　　捕まえる　　結局
came back to the place where he had left the hare, but the
　　　　　　場所　　　　　　　置いておいた
hare also slipped away. ⑥The lion exclaimed, "It serves
　　　こっそり逃げ去った　　　　　叫んだ　　　当然の報いだ
me right! Since I looked for something better, I lost the
　　　　　　　　　探した　　　　　　　　　　失った
food that was already within my grasp."
食べ物　　　すでに　手の中にある
⑦This story tells us that if you run after two hares you
　　　　　　　　　　　　　　　　追う
will catch neither.
　　　　両方とも～ない

[重要構文]

- -

③ Awakened by this noise,（この騒ぎで目を覚まして）《過去分詞で始まる
　分詞構文》

④ even though the lion spent a long time（ライオンがかなり時間をかけた
　にもかかわらず）《even though 〜は「〜だけれども」という意》

⑥ the place where he had left the hare,（彼がウサギを置いておいた場所）
　《where は関係副詞で、先行詞には場所を表す語句がくる》

29. ライオンとウサギとシカ

①ある日の朝、1匹のライオンがぐっすり眠っているウサギを見つけました。②しかし、ライオンがまさにウサギを食べようとしたそのとき、たまたま1匹の若いシカが通り過ぎるのが目に留まったので、ライオンは出し抜けにウサギを見捨て、シカを追いかけ始めました。③ウサギは、この騒ぎで目を覚まして跳び上がり、ピョンピョン跳ねて行ってしまいました。④一方、ライオンは時間をかけて追いかけたにもかかわらず、結局シカを捕まえることができませんでした。⑤ライオンは、自分がウサギを置いておいた場所へ引き返しましたが、ウサギはすでにこっそり逃げ去っていました。⑥ライオンは「当然の報いだな！ もっとよい獲物を探していて、すでに持っていた獲物を逃がしてしまったのだからな」と叫びました。

⑦この話は、二兎を追う者は一兎をも得ることができない、と教えています。

30. The Mischievous Dog

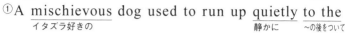

①A <u>mischievous</u> dog used to run up <u>quietly</u> to the
イタズラ好きの 静かに ~の後をついて
<u>heels</u> of everyone he met to <u>bite</u> them <u>without warning</u>.
気づかれずに かみつく

②His <u>master</u> <u>hung</u> a bell around his <u>neck</u> <u>so that</u> the
主人 つり下げた 首 が—するために
dog might <u>give notice of</u> his <u>presence</u> wherever he went.
~を知らせる 存在

③<u>At first</u> the dog was <u>irked</u> by the noise, but he <u>grew</u>
最初に うんざりした
<u>proud of</u> his bell and went <u>tinkling</u> it all over the <u>town</u>.
~を誇りに思うようになった チリンチリンならしている 町

④One day an old <u>hound</u> said to him, "Why do you
猟犬
<u>make such a show of</u> yourself? You act as if the bell
~を笑いものにする
around your neck were an <u>honor</u>. But, don't you <u>realize</u>
名誉 気づく
the fact that it is a <u>disgrace</u>, a <u>sign</u> to all men to <u>avoid</u>
不名誉 しるし 避ける
you? You are <u>shamefully</u> <u>beating</u> the <u>drum</u> of your own
恥ずかしくも 叩いている 太鼓
<u>evil</u> <u>deeds</u>."
悪い 行ない

⑤This story teaches that a bad <u>reputation</u> is <u>often</u>
悪評 しばしば
<u>mistaken</u> as a good <u>reputation</u>.
間違えられる 名声

[重 要 構 文]

- -

① A dog used to 〜（イヌはよく〜したものだった）《used to 〜 は、（今と比べて）以前は〜だった」と過去の習慣を表し、状態を表す動詞とともに使われる》

② so that the dog might give notice of his presence（イヌが自分の存在を知らせることができるように）《so that 〜 may は「〜するように、〜するために」という「目的」を表す》

④ as if（〜であるかのように）《as if 〜は「まるで〜のように」。as though 〜も同じ意》

④ don't you realize the fact that 〜？（〜という事実を知らないの?）《名詞 +that（同格の that）。上例で、the fact と that 以下は同格》

30. イタズラ好きなイヌ

①イタズラ好きのイヌはよく、気づかれないように、出くわす人には誰にでもかみつこうと、静かにピタリと後について行きました。②彼の主人は、イヌがどこへ行っても、その存在を知らせることができるように、イヌの首に鈴をつけました。③このイヌは最初、この雑音にうんざりしましたが、自分の鈴をだんだん誇りに思うようになり、それを鳴らしに町へ行きました。④ある日、年老いた猟犬が彼に、「なぜ君は、そのようなことをして、自分自身を笑いものにするのかね? 君は首につけている鈴がまるで名誉のしるしであるかのように振る舞っているね。でも、それが不名誉で、町の人々が君を避けるためのしるしであるという事実を知らないのか? 君は君自身の悪い行ないを知らせるために、恥ずかしくも太鼓を叩いているんだぞ」と言いました。
⑤この話は、悪評はしばしば名声と間違えられる、ということを教えています。

31. The Widow and Her Sheep

①There was once a widow who kept a sheep at home.
かつて 〜を飼っていた

②Wanting to gather more wool, she tried to shear the
〜したいと思って 集める 羊毛 毛を刈る

sheep. ③Now that she was not skillful, she clipped the
〜なので 器用な 毛を刈る

wool awkwardly. ④So, she made the sheep bleed.
ぎこちなく 血を流す

⑤Smarting with pain, the sheep said to the woman,
うずきながら 痛み

"Please stop torturing me, mistress! You don't think my
やめる 苦しめること 女主人

blood really adds so much to the weight of the wool, do
血液 〜に加える そんなに 重さ

you? If it is my flesh that you need, mistress, there is a
（食用にしない）肉

butcher who will be able to put me to death without
肉屋 死

torturing me; but if it is my wool you want, rather than
〜というよりも

my flesh, then the shearer can clip me without killing
毛刈人 毛を刈る

me." ⑥There is a proverb "Every man understands his
ことわざ 理解する

own trade best." ⑦It is best to leave everything to an
商売 〜を―に任せる

expert in the field. ⑧ However, we have no choice but to
専門家 〜せずにはいられない

have doubts about the policies of the present government
疑問 政策 現在の 政府

which tries to refer every matter to the "Expert Meeting," in
〜しようとする 〜を―に任せる 専門家 会議

order to avoid its own responsibility."
〜するために 〜を回避する 責任

* ちなみに、「新型コロナウイルス感染症対策専門家会議」は Novel Coronavirus Expert Meeting と表記します。

[重要構文]

③ Now that ～（今はもう～だから、～する今となっては、～したからには、）

⑤ You don't think ～ , do you?（～と思いませんよね）《付加疑問（念を押したり、同意を求めたりする文）で、否定文には肯定の疑問形をつける》

⑤ rather than my flesh（私の肉ではなく）《 ～ rather than ... は「 ... というよりは～」という意》

31. 未亡人と彼女のヒツジ

①かつて、ヒツジを1匹飼っている未亡人がいました。②彼女は、ヒツジの毛をもっと集めようと、ヒツジの毛を刈り取ろうとしました。③彼女は器用ではなかったので、ぎこちなくヒツジの毛を刈りました。④そのため、ヒツジから血が流れました。⑤ヒツジは痛さのあまり、女主人に、「ご主人様、どうか私を苦しめるのはやめてください。私の血でそんなに私の毛が重くなるとは、思いませんよね？　ご主人様、あなたが必要としているのが私の肉ならば、苦しめずに私を殺してくれる肉屋がいますよ。でも、もしほしいものが私の肉ではなく私の毛ならば、毛刈人が私を殺さずに私の毛を刈ってくれますよ」と言いました。

⑥「餅は餅屋」（※直訳は【誰でも自分の商売のことを一番よく理解している】）ということわざがあります。⑦何事もその道の専門家に任せるのが一番です。⑧ただし、自分たちの責任を回避するために、なんでも「専門家会議」に諮ろうとする、いまの政府のやり方には疑問を感ぜずにはいられません。

32. The Man Bitten by the Dog

①There was once a man who was badly bitten by a
　　　　　　　　　　　　　　　ひどくかまれた
dog. ②So, he was looking for someone who could heal
　　　　　　　　探していた　　　　　　　　　　　　いやす
his wound. ③Fortunately, he ran into another man. ④He
傷　　　　幸運にも　　　出くわした　ほかの男性
told him, "I know what you have to do. Let the blood
　　　　　　　　　　　　　　～すべきである　　血液
from your wound drip onto a piece of bread and then
　　　　　　　　～に垂らす　　　　　　　パン
feed the bread to the dog who bit you. If you do that,
(エサ)をやる　　　　　　　　　　かんだ
your wound will be cured." ⑤The man who had been
　　　　　　　治る
bitten by the dog replied, "But if I do that, every single
　　　　　　　答えた　　　　　　　　　　　どのイヌも
dog in the city will want to bite me."
　　　　　　　　　　　　　かみつく

⑥"Rewarding enmity with kindness" is quite admirable,
報いること　敵意　　親切　　　　　　　賞賛に値する
but unfortunately this can be good for exploiters. ⑦Taking
不幸にも　　　　　　　　　　　　　搾取する人
revenge is not generally advisable, but sometimes it is
復讐　　　一般に　勧められる　　時どき
necessary against evil-minded exploiters.
必要である　　悪意のある

[重 要 構 文]

② he was looking for 〜（彼は〜を探していた）《S + was v-ing は過去進行形》

② someone who could heal his wound（彼の傷を治せる人）《who は関係代名詞で、先行詞は someone 》

④ I know what you have to do（私は君が何をすべきか（君がすべきこと）を知ってるよ）《what は先行詞を含む関係代名詞》

◆◆◆ 32. イヌにかまれた男 ◆◆◆

①昔むかし、あるところに、イヌにかまれて大けがをした男がいました。②そこで、この男は、自分の傷を治してくれる人を探していました。③幸いにも、彼はたまたまある男に出会いました。④この男は、「あなたが何をすべきか知ってるよ。傷から流れ出る血をパンにしたたらせ、そのパンをあなたをかんだイヌに食べさせなさい。そうすれば、あなたの傷は治りますよ」と言いました。⑤イヌにかまれた男は、「でも、そんなことをしたら、街中のどのイヌも私をかみたがりますよ」と応じました。

⑥「仇(あだ)を恩で報いる…」という心がけはなかなか見上げたものですが、残念ながら搾取魔(さくしゅま)には通用しません。⑦仇討(あだう)ちはよくありませんが、性質の悪い搾取魔には断固たる態度で臨むべきです。

33. The Two Frogs by the Road

①There were two frogs who lived near <u>one another</u>.
互いに

②<u>One</u> lived in a deep <u>pond</u> that was far away from <u>the</u>
1匹は 池

<u>road</u>, and <u>the other</u> lived near the road where there was
道路 もう1匹は

only a small <u>amount</u> of water. ③The frog who lived in the
量

<u>deep</u> pond <u>advised</u> the other frog to <u>move in</u> to live with
深い 忠告した 引っ越してくる

him <u>so that</u> they could <u>share</u> the pond between them
～するために 分け合う

and live a <u>safer</u> life. ④The <u>roadside</u> frog <u>refused</u> his <u>offer</u>,
より安全な 道路脇の 拒否した 申し出

saying that he had <u>become accustomed to</u> his home, so he
～に慣れた

couldn't <u>tear himself away</u>. ⑤<u>Not long</u> <u>afterwards</u>, the
離れる まもなく その後

road-frog <u>was run over</u> by <u>the wheel</u> of a <u>passing</u> <u>wagon</u>
ひかれた 車輪 通りがかりの 馬車

and killed.

⑦<u>Stubborn</u> people don't listen to other people.
頑固な

⑧<u>Moreover</u>, they <u>extremely</u> <u>dislike</u> <u>change</u>. ⑨This fable
さらに 極端に 嫌う 変化

teaches that it is <u>useless</u> trying to <u>persuade</u> stubborn
無駄な 説得する

people.

[重要構文]

① one another（お互い）《主に３者以上の場合に使われる。cf. each other》

② One lived 〜 , and the other lived ...（１匹は〜に住み、もう１匹は…に住んだ）《one is 〜 , and the other is ... は「一方は〜で、他方は…である」という意。３者の場合の順番は、one, another and the other となる）》

33. 道路脇の２匹のカエル

①互いに近くに住む２匹のカエルがいました。②１匹は、道路からかなり離れた深い池に住み、もう１匹は水がほんの少ししかない道路脇に住んでいました。③深い池に住むカエルは、もう一方のカエルに、近くに引っ越してくれば、２人で一緒に池に住めるし、より安全な生活を送ることができるとアドバイスしました。④道路脇に住むカエルは、自分の家に住み慣れているので、そこを離れることができないと言って、彼の申し出を断りました。⑤それからまもなく、道路側のカエルは通りがかりの馬車の車輪にひかれて、死んでしまいました。

⑦頑固な人は他人の話しに耳を貸しません。⑧さらに、彼らは極端に変化を嫌います。⑨この寓話は、頑固な人を説得しようとしても無駄である、と教えています。

34. The City Mouse and the Country Mouse

①Once a country mouse invited a city mouse for dinner.
招待した   夕食

②There, a humble meal of acorns was served. ③The city
粗末な   どんぐり ふるまわれた

mouse said, "You are very poor. Why don't you come to my

house next time? I have lots of delicious food." ④As both
次の時に   たくさんの おいしい 食べ物

enjoyed eating delicacies in the city mouse's house, a man
楽しんだ   ご馳走

of the house came into the room. ⑤The city mouse quickly
入ってきた   すばやく

concealed himself in a familiar mouse-hole, but the poor
隠れた   なじみの ネズミの穴

country mouse did nothing but stay under the table.
ただ～するだけだった

⑥When the man left, the city mouse urged the country
去っていった   ～に―することを促した

mouse to sit at the table again. ⑦He refused and said,
食卓につく   拒否した

"How scared I was!" ⑧The city mouse insisted, "My dear
言い張った ねえ、君

fellow, you could never find such delicious food as this

anywhere else in the world." ⑨The country mouse said,
ほかのどこでも

"Acorns are enough for me, so long as I am secure in
十分な   ～でさえあれば   安全で

my freedom!" ⑩Any wonderful looking environment
自由   すばらしい   環境

could be the opposite of what you expect. ⑪This fable
～であり得る 反対   期待する

shows different senses of value.
異なる   感覚   価値

［重 要 構 文］

② a humble meal of acorns was served（どんぐりの実の粗末な食事がふるまわれた）《受身文》

③ Why don't you come to my house next time?（この次は、私の家へ来たらどう？）《Why don't you ～ ? は通例「～してはどう？」という意であるが、「なぜしないのか？」という意になることもある》

⑤ nothing but stay under the table（テーブルの下に留まるしかすべがなかった）《nothing but ～ は「～だけ、～にすぎない、～以外は何もない」という意》

⑦ How scared I was!（なんと恐ろしかったことか！）《感嘆文》

34. 町のネズミと田舎のネズミ

①昔、田舎のネズミが町のネズミを夕食に招きました。②町のネズミに、どんぐりの実の粗末な食事がふるまわれました。③町のネズミは、「君はとても貧しいんだね。この次は、私の家へ来たらどう？ 家には、おいしい食べ物がたくさんあるよ」と言いました。④町のネズミの家で２匹がご馳走を食べていると、家の人が部屋に入ってきました。⑤町のネズミはすばやく、いつものネズミの穴に隠れましたが、かわいそうな田舎のネズミは、テーブルの下に留まるしか、すべがありませんでした。⑥家人が出て行くとすぐ、町のネズミは田舎のネズミに、またテーブルに戻って食事をしようと促しました。⑦彼はこれを拒否して、「ああ、なんと恐ろしかったことか！」と言いました。⑧町のネズミは「あのね、世界中どこへ行ったって、こんなにおいしい食べものは口にできないよ」と言い張りました。⑨田舎のネズミは、「僕は、自由で、安全でさえあれば、食べ物はどんぐりで十分だよ」と言いました。

⑩どんなすばらしそうな環境でも、自分が期待したものと逆のことになり得ます。⑩この寓話は、価値観の違いを表わしています。

35. The Panther and the Villagers

① A panther unfortunately happened to have fallen into a pit.
ヒョウ　　　運悪く　　　　　たまたま～した　落ちた　　（地面の）穴

② Some of the villagers pelted her with stones, and others
村人たち　　　～に―を投げつけた　石

felt sorry for her and brought her some bread to keep
～をかわいそうに感じた　　持ってきた　　　　パン

her alive. ③ However, the next morning, soon after she
生きている

recovered from her weakness, she came out of the pit and
回復した　　　　衰弱

hurried home to her den. ④ Several days later, this panther
～への家路を急いだ　巣穴

came back to the village, and furiously killed those who
戻ってきた　　　　　　激しく　殺した

pelted her with stones. ⑤ At this point even the people who
～でさえ

have shown mercy to the beast feared that they would be
示した　哀れみの情　その動物（→ヒョウ）恐れた

killed by her. ⑥ They begged her just to spare their lives.
～してくれるよう懇願した　助ける　命

⑦ The panther then said, "I am well aware of who pelted me
～を知っている

with stones and who gave me bread, so you should put aside
脇に置く

your fears. I have returned as an enemy only to seek
恐れ　　戻ってきた　　　敵　　　　　機会をねらう

revenge on those who wanted to hurt me."
～への仕返し

⑧ Your good deeds bring you good rewards, and your bad
善い行ない　　　　善い報い

deeds bring you bad rewards. ⑨ This fable expresses "the
表現する

Principle of Cause and Effect" in Buddhism.
原理　　　　原因　　結果　　仏教

［重要構文］

- -

② some ～（,）and others ...（～もいれば ... いる）《others に the をつけると、「いくつかは～で、残り全部は ... 」という意になる》

④ those who pelted her with stones（彼女に石を投げつけた人々）《who は関係代名詞で、先行詞は those。この関係代名詞の前にカンマがないので、これは制限用法》

⑦ ～ who gave me bread（私に食べ物をくれた～）《第 4 文型（S+V+O+O）》

35. ヒョウと村人たち

① 1 匹のヒョウが運悪く穴に落ちてしまいました。②村人の中には、彼女に石を投げつける者もいれば、彼女に哀れみを感じ、生き長らえさせようと、エサを与える者もいました。③しかしながら、翌朝、ヒョウは衰弱から回復するとすぐ、穴から抜け出し、全速力で自分の巣穴へ駆けて行きました。④それから数日後、このヒョウが村へ戻ってきて、かつて彼女に激しく石を投げつけた村人たちを殺しました。⑤この時点で、この動物に情をかけた人たちでさえ、殺されるのではないかと恐れました。⑥彼らは、この動物に命ばかりは助けてくれるように懇願しました。⑦すると、ヒョウは、「私は、誰が私に石を投げつけたか、誰が食べ物を与えてくれたかよく覚えているから、あなたたちは恐れなくてもいいのよ。私は、私を傷つけようとした者だけを仕返しに来たのですから」と言いました。
⑧善い行ないには善い報いが、悪い行ないには悪い報いが…。⑨この寓話は、仏教での「因果律」を表わしています。

「イソップ物語」から生まれた英語イディオム（2）

[bull in a china shop]

「瀬戸物屋の雄牛」が直訳ですが、これでは何のことかわかりませんね。実は、寓話集の「陶磁器屋のロバ」(The Donkey in a Potter's Shop) がもとになっています。16世紀に、壊れやすい chinaware（陶磁器）がヨーロッパに伝わると、おとなしいイメージのロバが荒々しいイメージの雄牛と言い換えられたようです。china shop とは「瀬戸物屋、陶磁器屋」のことです。この表現は、瀬戸物屋へ入り込んだ雄牛が暴れて陶磁器を壊すような行動をすることから、「（言動、神経などが）がさつな人」、「話などをぶち壊すドジなやつ」、「はた迷惑な乱暴者」、「無神経なやつ」、「不器用なやつ」を意味します。動作ががさつで、よく物を落として壊したり、人間関係の機微にうとく、人を傷つけてしまうような人を指します。比喩として、「ヘマをして話をぶちこわす人」、「（特に微妙な時に）臨機応変に対処できない人」、「状況を判断できない人」、「空気が読めない人」について使われます。

例文1 ▶ When you negotiate with those guys, don't be a bull in a china shop.

あの連中と交渉する時は、乱暴なまねはするなよ。

例文2 ▶ Albert is like a bull in a china shop. His speech at his friend's wedding reception was tactless.

アルバートは、がさつな人間だな。友だちの結婚披露宴で、言ってはいけないことを言ったんだよ。

3

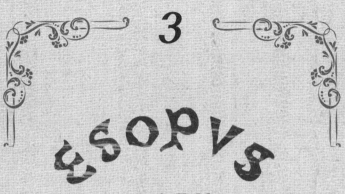

**Aesop's Fables
which teach
"how to succeed" in life**

人生で「成功する」ための
イソップ物語

36. The Lion and the Boar

①One hot summer day a lion and a boar came to a small
イノシシ
well at the same time. ②They were both very thirsty, so
井戸 同時に ノドが渇いている
they began at once to argue as to who should be the
すぐに 口論する 〜について
first to drink. ③Neither the lion nor the boar would
〜も―もどちらもない
give in to the other. ④They were about to fight each
〜の言いなりになる 相手 〜しようとした 殴り合いをする
other when the lion noticed some vultures in the sky
気づいた ハゲタカ
above them. ⑤"Look at those vultures!" said the lion.

"They see us fighting and they are hungry. They are
腹を空かせている
waiting to feed upon the loser." ⑥"Then let us settle our
待っている 〜をエサにする 敗者 それじゃあ おさめる
quarrel," said the boar. "It is better for us to make friends
ケンカ 友だちになる
than to become food for vultures." ⑦"I agree," the lion
餌食 同意する
said. "In the face of common danger, small differences
〜に直面して 共通の 危険 違い
are best forgotten."
忘れられる
⑧Struggles and wars do more harm than good at any
闘争 戦争 〜をなす 害
time. ⑨It is urgent to develop the vaccination for
緊急な 開発される ワクチン注射
COVID-19, but, once developed, we only hope that the
新型コロナウイルス感染症 ひとたび〜すれば …と願う
COVID-19 vaccine can be inoculated equally into all of
ワクチン 接種される 等しく
us in the world.

［ 重 要 構 文 ］

- -

③ neither the lion nor the boar（ライオンもイノシシもどちらも〜ない）
　《neither A nor B は「A も B もどちらでも〜ない」の意で、A と B の両方
　を否定》

⑥ It is better for us to make friends（我々は友だちになるほうがいい）《it
　is 〜 for A to … の構文は、「A が… するのは〜だ」の意。for A は to 以
　下の意味上の主語》

36. ライオンとイノシシ

①ある夏の暑い日のこと、ライオンとイノシシが同じ時刻に小さな井戸のところへやって来ました。②彼らはノドがカラカラに乾いていたので、どちらが先に水を飲むかですぐに言い争いを始めました。③ライオンもイノシシもどちらも相手の言いなりにはなりませんでした。④彼らがまさに殴り合いを始めようとしたとき、ライオンは上空に数匹のハゲタカがいることに気づきました。⑤ライオンは「あのハゲタカどもを見ろ！　あいつらは、我々が争っているのを見て、腹を空かしてるんだぞ。あいつらは先に倒れたほうを食べようとしてるんだ」と言いました。⑥イノシシは、「じゃあ、ケンカはやめにしよう。ハゲタカどもの餌食になるより、我々が友だちになったほうがいいからな」と、言いました。⑦ライオンは、「俺も同感だ。同じような危険に遭ったときは、小さな違いを忘れるのが一番だからな」と言いました。

⑧争いごとや戦争はいつの時代も有害無益です。⑨新型コロナウイルスのワクチン開発が急務の情勢ですが、開発されたあかつきには、全世界の人々が等しく接種できることを願うばかりです。

37. The Tortoise and the Hare

①One day, the hare bragged to the other animals, "I'm
　　　　　ウサギ　　威張って言った
swifter than the wind. Will anyone here run a race with
より速い　　　　　　　　　　　　　　　　　～と競走する
me?" ②Then the tortoise said quietly, "I will. Let's run a
　　　　　　　　カメ　　　　　　静かに
race to the top of that mountain." ③The hare agreed and
　　　　　頂上　　　　　　　　　　　　　　　　　同意した
soon the race began. ④The hare hopped out of the
すぐに　　　競争　　　　　　　　ピョンピョン跳ねて行った　視界から消えて
sight at once, while the tortoise walked slowly along.
　　　　　すぐに
⑤The hare was confident that he would beat the
　　　　　　～を確信した　　　　　　　　　　　　　　うち負かす
tortoise, so that he decided to stop to take a rest half way.
　　　　　　それで　　　決めた　　　　　　　　休憩をとる　　途中で
⑥Carelessly the hare went to sleep, but the tortoise plodded
　うかつにも　　　　　　　　　　　　　　　　　　　　　　　ゆっくり進む
steadily on and on. ⑦After a while, he passed the hare
着実に　　続けて　　　　しばらくして　　　　～を通りすぎた
who was still asleep. ⑧Just as the tortoise came to the
　　　　　　　眠っている
finishing line, the hare awoke and found that the tortoise
ゴール　　　　　　　　　　目を覚ました　知った
had already won the race. ⑨The tortoise told the hare
　　　　　　勝った
modestly, "Slow and steady wins the race."
穏やかに
⑩This fable teaches us that boastful people overestimate
　　　　　　　　　　　　　　高慢な　　　　　　　過大評価する
their own abilities and make mistakes, and modest people
　　　　　能力　　　　　　　　　過ち　　　　　　　謙虚な
work hard to bear fruit, so they often do well in life.
　　　　　　　実を結ぶ　　　　　　　　　　　うまくいく

［重 要 構 文］

- -

① swifter than the wind（風より速く）《more [-er] than ～は「～よりもっと」の意》

⑤, so that（そして、その結果）《that を略して so だけでも、「それで」の意で副詞的に使われる)》

⑧ the tortoise had already won the race（カメがすでに競走に勝った）《現在完了（過去と関わりのある現在を「have [has] ＋過去分詞」で表す。基本的には、完了・結果・継続・経験に解釈できる)》

37. ウサギとカメ

①ある日のこと、ウサギがほかの動物に「俺様は風よりも速いんだぞ。ここにいる誰か、俺様と競走する者はいないか?」と、威張って言いました。②すると、「僕がやります。あの山の頂上まで競走しよう」と、カメが静かに言いました。③ウサギは同意し、すぐに競走が始まりました。④ウサギはすぐにピョンピョン跳ねて、視界から消え去りましたが、カメはゆっくり少しずつ歩いて行きました。⑤ウサギはカメに勝つ自信がありましたので、途中で休みをとることにしました。⑥ウサギはうかつにも寝入ってしまいましたが、カメは1歩ずつ着実に歩を進めました。⑦しばらくして、カメはまだ眠っているウサギのところを通り過ぎました。⑧カメがゴールしたちょうどそのとき、ウサギは目を覚まし、カメがすでに競走に勝ったことを知りました。⑨カメはウサギに、「時間はかかるけれど、ゆっくり着実にやれば、必ず勝利をおさめることができるんだよ」と、穏やかに言いました。
⑩この寓話は、高慢な人は自分の才能を過信して失敗し、謙虚な人は努力をするので、かえって勝利をおさめることがよくある、と教えています。

38. The Crow and the Pitcher

①A crow who was almost dying of thirst found a
pitcher by chance. ②But, to his dismay, there was
so little water that he could not drink any water at
all. ③He tried with all his might to knock the pitcher
over, but it was too heavy. ④Then he looked around
and saw a pile of pebbles nearby. ⑤When he picked
up one pebble with his bill and dropped it into the
pitcher, the water rose a little bit. ⑥Then he picked up
another pebble and dropped that in, so the water rose a
little more. ⑦He repeated this many times, so his bill was
finally able to reach the water. ⑧As the crow drank plenty
of the cool water, he said to himself, "Where force
fails, patience will often succeed."
⑨This story teaches us that with ingenuity and
perseverance, you can overcome any difficulty.

［重要構文］

---

② to his dismay（がっかりしたことに）《to one's+ 感情を表す名詞は「人が〜したことには」の意》

② there was so little water that he could not drink any water（水があまりにも少なかったので、彼は1滴も水を飲めなかった）《so 〜 that … は「とても〜なので …」という意。so 〜 that S cannot … は too 〜 to …で書き換えが可》

38. カラスと水さし

①死にそうなほどノドが渇いていたカラスが、偶然にも、水さしを見つけました。②しかし、がっかりしたことに、水さしの水があまりにも少なかったので、カラスは1滴も飲むことができませんでした。③カラスは力をふり絞って、その水さしを倒そうとしましたが、重すぎて倒せませんでした。④そこで、彼はあたりを見まわすと、近くにたくさんの小石があるのが目に入りました。⑤彼は小石を1つ（クチバシで）くわえ、水さしの中へ落とすと、水の表面がほんの少しだけ上がりました。⑥それから、彼はもう1つ小石をくわえ、それを水さしに落とすと、水の表面はさらに少し高くなりました。⑦このことを何度もくり返すと、ついに彼のクチバシは水に届くようになりました。⑧カラスは冷たい水をたくさん飲んで、「力を発揮できなくても、忍耐強く行なえば成功につながることがよくある」と独り言を言いました。

⑨この寓話は、創意工夫と粘りがあれば、どんな困難なことでも克服できる、ということを教えています。

39. The Farmer and His Sons

①A sick old farmer, ready to die, thought, "I would die
　　　　　　　　　　今にも～しようとする　思った
happy, if I could make sure that my sons would take the
幸せに死ぬ　　　　　確かめる
same good care of the farm as I have done." ②So,
～と同じようによく世話をする　畑
he said to his two sons, "My sons, I have not long to live.

Listen to me carefully. There is great treasure hidden in
　　　　注意深く　　　　　　　　宝物　　隠された
the vineyard." ③Soon after he died, they began to hunt for
ブドウ畑　　　　～してすぐ　　　　　　　　　　　探す
the treasure. ④With their spades and plows, they turned the
　　　　　　　　　　鍬　　　　鋤　　　　　掘り起こした
soil of the land, but they found neither gold nor precious
土　　　　　　　　　　　　　　　　　　　　　　価値のある
stones. ⑤But, since they plowed the farm carefully, they
　　　　　　　　　　耕した
had the richest crop of grapes they had ever
　　　　　　　　　　収穫　　ブドウ　　　　かつて経験した
experienced. ⑥The oldest son said to his brother, "Now I

know the treasure of which our father spoke. It is our

vineyard." ⑦"Yes," the younger son said. "He wanted us to
　　　　　　　　　　　　　　　　　　　　　　　～に―させたかった
learn that hard work can often yield great riches."
　　　　　　　　　　　　　　　　生じる　大きな富
⑧In order to get humans to work, it is most important to
　　　　　　　　　　　　　　　　　　　　　　　重要
suggest that they will have a chance to profit. ⑨Since
提案する　　　　　　　　　　　　機会　　　富を得る　～なので
humans have a greedy nature, profits will easily move them.
　　　　　　貪欲な　性格　利益　　　簡単に

98

[重 要 構 文]

- -

④ they found neither gold nor precious stones（彼らは金塊も価値のある石も見つけられなかった）《neither A nor B は「A も B もどちらも～でない」の意で、A と B の両方を否定する》

⑤ the richest crop of grapes they had ever experienced（いままでで最高のブドウの収穫）《grapes と they の間の関係代名詞が省略されている。目的格の関係代名詞は頻繁に省略される》

39. 農夫と息子たち

①病気で、今にも死にそうな年老いた農夫が、「自分が畑に心血を注いできたように、息子たちも畑仕事に精を出すことを確認できたら、幸せに死ねるだろう」と思いました。②そこで、彼は2人の息子に、「おまえたち、私はもう長くはない。私の言うことをよく聞きなさい。ブドウ畑には偉大な宝を隠してあるからな」と言いました。③父親が息を引きとるとすぐに、息子たちは宝物を探し始めました。④彼らは鍬（くわ）や鋤（すき）を手に畑を掘り起こしましたが、金塊も価値のある石も見つかりませんでした。⑤しかし、彼らは入念に耕したので、ブドウ畑は肥沃（ひよく）になり、いままでで最高のブドウの収穫を得ました。⑥兄が弟に、「父さんが話していた宝のことが今わかったよ。それは我々のブドウ畑のことだよ」と言いました。⑦弟は、「そうだね。父さんは勤勉が大きな富をもたらす、ということを我々に知ってほしかったんだね」と言いました。

⑧人を動かすには、利益を得る機会があるとほのめかすのが一番重要です。⑨人間は生来欲ばりですから、利益は簡単に人を動かします。

99

40. The Oak and the Reeds

①One day a great oak tree was knocked down by the
mighty wind. ②The oak tree fell on its side across a
stream where some reeds grew. ③The oak tree said sadly,
"Here I lie, overturned by the strong wind. Yet you reeds,
so light and weak, are still upright. How is that
possible?" ④The reeds replied, "Sir, you fight against the
strong wind. You are too proud to bend, so in the
wind you are destroyed. But we bow before the
gentlest breeze, and so we still stand. We have learned
what you have not. That is, it is far better to bend than to
break."

⑤This fable shows the principle of "A slight illness makes
you more careful about your health and so increases your
lifespan." ⑥It also teaches that things with some
weakness rather than perfection usually work out well.

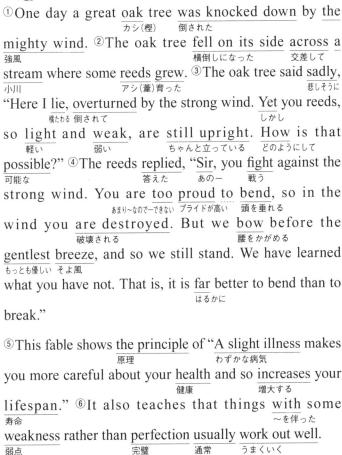

[重 要 構 文]

④ You are too proud to bend（君はプライドが高すぎるので、頭を垂れることができない）《too 〜 to … は「あまりに〜なので … できない」という意》

④ It is far better to bend than 〜（〜よりは頭を垂れるほうがはるかによい）《it is 〜 (for A) to … は「(A が) … するのは〜である」の意。it は形式主語で、to 以下を表す。A が真主語》

40. カシの木とアシたち

①ある日、1本の大きなカシの木が、激しい風に吹き倒されました。②そのカシの木はアシが生えている小川に横倒しになりました。③カシの木は、「僕は強い風に吹かれてここに倒れているのに、君たちアシはとても軽くて弱いのに、ちゃんと立ってるね。どうしてそんなことができるんだい？」と、悲しそうに尋ねました。④アシたちは、「あのー、カシの木さんは強い風と戦いますよね。カシの木さんはプライドが高すぎるので（風が吹いても）頭を垂れることができないんですよ。だから、風が吹くと身を滅ぼすのです。でも、私たちはほんのそよ風でも、背を丸めます。だから、立っていられるのです。私たちは、あなた方が学ばなかったことを学びましたよ。つまり、頭を垂れるほうが倒れるよりもはるかにいいのですよ」と答えました。
⑤この寓話は、「一病息災」（※ 直訳は【軽い持病があるほうが健康に注意するので、その結果、長生きする】）の原理を表わしています。⑥また、完璧よりも、何事も一部に弱点があったほうがかえってうまくいく、とも教えています。

41. The Thief and His Mother

①A boy stole his teacher's book and showed it triumphantly to
his mother. ②She received the stolen goods from him with
much delight. ③Next, the boy stole a piece of clothing, and
by degrees stealing became his habit. ④As the boy grew
older, he stole items of greater value. ⑤Time passed, and he
was finally caught in the act. ⑥He was taken to court where
he was sentenced to death. ⑦His mother stood behind
him, and she asked weeping, "My son, what has become of
you?" ⑧He said to his mother, "Come closer, mother, and I
will give you a final kiss," ⑨She went up to him, and all
of a sudden he bit her nose off. ⑩Then he said to her,
"Mother, if only you had beaten me at the very
beginning when I brought you the teacher's book, then I would
not have been condemned to death!"
⑪"Indulgent parents" are common to some extent, but
"foolish parents" are a pain in the neck. ⑫If this mother
disciplined her son well, he would not be a criminal.

[重 要 構 文]

- -

⑧ I will give you a final kiss（最後のキスをする）《第4文型（S+V+O+O）》

⑩ if only you had beaten me at the very beginning（あなたが一番初めのときに僕を叩いてくれていたら、）《if only 〜 は「〜でありさえすれば」という意》

41. 盗人とその母親

①ある少年が、自分の教師の本を盗んで、それを誇らしげに母親に見せました。②母親は、彼から盗品を大喜びで受け取りました。③次に、少年は1着の衣服を盗み、だんだん盗みが彼の習慣になりました。④少年が成長するにつれ、彼はより価値のあるものを盗むようになりました。⑤ときが経って、この男はついに自分の行為で捕まりました。⑥彼は訴えられ、死刑を言い渡されました。⑦彼の母親は彼の後ろに立ち、「息子よ、どうしてこんなことになったの？」と泣きながら尋ねました。⑧彼は、「おかあさん、近くへ来て、別れのキスをするから」と母親に言いました。⑨母親が彼のところへ歩み寄ると、突然、彼は母の鼻をかみ切りました。⑩それから、彼は母親に「おかあさん、僕が教師の教科書を持ち帰った一番初めのときに、僕を棒で叩いてくれていれば、僕は死刑なんか宣告されなかったのに」と言いました。

⑪「親バカ」はある程度は当たり前のことですが、「バカ親」は困りものです。⑫この母親が息子をしっかりしつけていれば、息子は犯罪者にならなかったことでしょう。

42. The Woman and Her Two Daughters

①There was a woman who had two daughters, and she had married one of them to a gardener, and the other to a potter. ②One day, she visited the daughter who was married to the gardener, and asked her daughter how she was faring. ③This daughter said, "Things are generally good, but we want more rainfall so that the vegetables will be well-watered accordingly." ④Then the mother visited the daughter who was married to the potter. ⑤She asked the daughter what she might need. ⑥This daughter replied, "Mom, we have had nothing but rainy days these days. We need more sunny days so that the pots will dry out more quickly." ⑦At this point the mother said, "But if you hope for clear skies and your sister hopes for rainfall, how will I pray for the two of you? ⑧The moral lesson of this fable also applies to anti-COVID-19 measures taken by the central and local governments. ⑨Namely, it is quite difficult to decide whether they should declare the state of emergency or they should stimulate the economy.

［重要構文］

① she had married one of them to a gardener, and the other to a potter（彼女は1人を庭師に、もう1人を焼き物師に嫁がせた）《one (of them) is (does), ～ and the other is (does) … は「（2つのうち）1つは～で、残りの1つは … である」という意》

③ so that ～（～するように、～するために）《目的を表し、that 節の後に will, can などを伴う。ただし、口語ではしばしば、that が省略される》

⑥ we have had nothing but rainy days these day（最近は雨の日ばかりだった）《nothing but ～ は「ただ～ばかりだ、～以外の何物でもない、～しかーない」という意》

42. 女と2人の娘

①2人の娘をもち、1人を庭師に、もう1人を焼き物師に嫁がせていた母親がいました。②ある日、彼女は、庭師と結婚した娘の所へ行き、暮らしぶりを尋ねました。③この娘は、「だいたい順調です。ただ、もっと雨がほしいわ。そうすれば、野菜にたっぷり水をやれますから」と言いました。④その後、母親は焼き物師と結婚した娘の所へ行きました。⑤彼女は、娘に何が必要かと尋ねました。⑥この娘は「おかあさん、最近、雨の日ばかりだったので、晴れた日がほしいわ。晴れれば、焼き物がより速く乾きますから」と言いました。⑦ここで、母親は、「でも、おまえが晴天をほしがり、妹が雨をほしがれば、私はおまえたち2人のために、どう願えばいいのだろう？」と言いました。

⑧この寓話の教訓は、昨今の中央・地方政府が講じる新型コロナウイルス感染症対策にも当てはまります。⑨つまり、「緊急事態宣言」を出すか、経済をまわす（活性化する）かを決めるのは極めて難しいということです。

43. The Two Mules

①Two mules were walking along together. ②One mule
　　　ラバ　　　　　どんどん歩いて行く　　一緒に

was laden with bags full of money, and the other
　　～を積まれた　　袋　～でいっぱいになった

mule was carrying sacks stuffed with barley. ③The mule
　　　運んでいた　　大袋　～がいっぱいに詰まった　大麦

who was carrying money walked proudly, as if he knew
　　　　　　　　　　　　　　　　誇らしげに　　まるで～のように

the value of his load, lifting his head and tossing the little
価値　　　　　荷　　上げながら　　　　　　激しく揺らしながら

bell on his neck back and forth. ④The other simply followed
　　　　　　　　前後に　　　　　　　　　　　　　　後について行った

along at a quiet and a slow pace. ⑤Then, the mules were
　　　　　静かな　　　　速度

attacked by robbers who came out of an ambush. ⑥In the
襲われた　　盗賊　　　　　　　　　　　物陰

violent struggle, the rich mule was slashed with a sword
激しい　闘い　　　　　　　　　　　　～で切りつけられた　　剣

and the robbers stole his money, but they did not pay any
　　　　　　　　盗んだ　　　　　　　　　　　　　　　　　～に注目する

attention at all to the worthless barley. ⑦When the
　　　　　まったく～ない　価値のない

mule who had lost all the money complained, the other mule
　　　　失った　　　　　　　　文句を言った

said, "I am quite content to have been treated with contempt.
　　　　　～に満足して　扱われた　　　　　軽蔑して

I suffered no injury and lost none of my possessions!"
何ら怪我をしなかった　　失った　～の何も一ない　所有物

⑧This story tells us that if we become wealthy, we will be
　　　　　　　　　　　　　　　　　　　　裕福な

happy, but, all the more, there are some risks involved in
　　　　　その分　　　　　　　ある程度の危険　～に関係がある

being wealthy.

[重 要 構 文]

③ The mule who was carrying money（お金を運んでいるラバ）《who は関係代名詞で、先行詞は the mule》

⑥ they did not pay attention at all to 〜（彼らは〜にまったく注意を払わなかった）《not 〜 at all は「まったく・少しも〜ない」と否定を強める》

43. 2匹のラバ

①2匹のラバが一緒に歩いていました。②1匹はお金でぎっしり詰まった袋を運び、もう1匹は大麦が詰まった大袋を運んでいました。③大金を運んでいるラバは、その荷物の価値がわかっているかのように、誇らしげに頭を立て、首につけられ小さな鈴を上下に揺らしながら歩きました。④もう1匹のラバは、静かに、ゆっくりと後に続いて歩くだけでした。⑤そのとき、2匹のラバは、物陰から飛び出してきた盗賊たちに襲われました。⑥激しい乱闘で、お金を運んでいたラバは剣で切りつけられ、盗賊たちはお金を奪いましたが、彼らは価値のない大麦には目もくれませんでした。⑦お金を全部奪われたラバが文句を言うと、もう1匹は「私は軽蔑して扱われたことに満足です。私は何ら怪我もせず、持ち物は何ひとつ失わなかったからね!」と言いました。
⑧この寓話は、お金持ちになることは確かに気分がいいことでしょうが、金持ちであることはその分相当な危険が伴う、と忠告しています。

44. The Old Lion and the Donkey

①A lion who had grown weaker and weaker in old
　　　　　　　　 ～の状態になった　だんだん弱く　　　　年をとって

age lost his former strength, and he was about to
失った　 かつての力　　　　　　　　 (今にも)～しようとしていた

take his last breath in the field. ②Then a boar
最後の息をする　　　　　　　　　　　　　イノシシ

approached him in a towering rage. ③The boar,
～に近づいた　　　　　烈火のごとく怒って

trying to avenge old wounds, stabbed with his tusks, and
　　　復讐する　古い傷　　　突き刺した　　　牙

wounded this lion. ④A bull appeared next, and likewise
傷を負わせた　　　雄牛　　現れた　　　　同じく

gored the lion's hated body with his sharp horns. ⑤A
突き刺した　　　憎々しい身体　　　　　　鋭い角

donkey saw that the savage beast could not fight back,
　　　　　　　　どう猛な獣　　　　　反撃する

and he struck the lion in the head with his hooves.
　　　打った　　　　　　　　　　　　蹄

⑥Gasping his last breath, the lion shouted, "I somehow
あえぎながら　　　　　　　　 叫んだ　　なんとかして

could bear being disgraced by strong creatures, but
　　耐える　辱めを受けること

being disgraced by good-for-nothings like you is my
　　　　　　　　　ろくでなし

greatest regret.
痛恨の極み

⑦When a haughty person in authority loses power,
　　　高慢な人　　　　権威のある　　失う　権力

those who have praised him so far show their hatred.
～した人々　礼賛してきた　　いままで　　　　憎悪

⑧This is true both for a company and a family.
　　　～に当てはまる　　会社

[重 要 構 文]

① A lion who had grown ～ （～の状態になったライオン）《who は人を先行詞にとる関係代名詞。おとぎ話ではよくあることだが、この lion も擬人化されている》

① weaker and weaker （だんだん弱くなる）《「比較級 and 比較級」は（ますます～になる）という意の慣用表現》

⑥ Gasping his last breath,（あえぎながら、）《分詞構文。「～ながら、～なので、～ならば」などと訳す》

⑥ my greatest regret （私のもっとも遺憾なこと、痛恨の極み）《形容詞の最上級で、通例、the がつく》

44. 年老いたライオンとロバ

①年老いて弱々しくなったライオンは、かつての力を失ってしまい、野原で今にも死にそうになっていました。②すると、1匹のイノシシがひどく怒ってライオンに突進してきました。③イノシシは、積年の恨みを晴らそうと、牙でこのライオンを突き、傷を負わせました。④次に、雄牛がやってきて、同じく鋭い角で、憎々しいライオンの身体を突き刺しました。⑤ロバは、このどう猛な獣がもう反撃できないのを見て、蹄でライオンの頭を蹴飛ばしました。⑥ライオンはあえぎながら、「力のある獣からの辱めはなんとか堪えることができたが、おまえたちのようなろくでなしからの辱めは痛恨の極みだ」と言いました。

⑦高慢な権力者が失脚すると、それまで礼賛していた者は、憎悪を露わにします。⑧このことは、会社でも、家庭でも同じです。

45. The Wolf and the Sleeping Dog

①A wolf found a dog who was sleeping in front of a
barn. ②When the wolf was ready to devour the dog, the
dog woke up, and begged the wolf to let him go for
now. ③The dog said, "At the moment I am thin and
scrawny, and my owners are supposed to celebrate
a wedding today. So, if you let me go now, I'll come
back fattened up. Then, you can make a meal of
me." ④The wolf trusted the dog and let him go. ⑤A few
days later, he saw the dog sleeping on the roof. ⑥The wolf
shouted to the dog, reminding him of their agreement, but
the dog simply said, "Wolf, if you ever catch me sleeping
in front of the barn again, don't wait for a wedding!"
⑦This fable shows two sides: The chance which one has
lost with cutting corners never returns, and
anybody breaks his promise shamelessly when danger
passes.

［ 重 要 構 文 ］

- -

② the wolf was ready to devour the dog（オオカミがイヌをかみ殺そうとしていた）《形容詞 + to 〜 は「〜するのは … である」という意》

③ let me go（私を行かせてください、見逃してください）《使役動詞（let、make、have など）の後は to なし不定詞が使われる》

⑥ don't wait for a wedding（結婚式を待たないでください）《否定命令文》

45. オオカミと眠るイヌ

①ある日のこと、オオカミは納屋（なや）の前で眠っているイヌに気づきました。②オオカミがイヌをかみ殺そうとしたとき、イヌは目を覚まし、今は見逃（みのが）してくれるようにオオカミに懇願しました、③イヌは、「今、私は痩せていて、骨と皮だけです。それに、今日はご主人たちが結婚式を祝うことになっているんです。ですから、いま見逃してくれましたら、私は太って戻って来ます。そのときに私（の肉）をご馳走（ちそう）にして食べてください」と言いました。④オオカミはこのイヌを信用して、見逃してやりました。⑤2〜3日経って、彼はイヌが屋根の上で寝ているのを見かけました。⑥オオカミは、約束したことを思い出してイヌに叫びましたが、イヌはそっ気なく「オオカミさん、また納屋の前で寝ている私を捕まえたら、結婚式を待たないでください」と、言いました。

⑦この寓話は2つの側面を表しています。手抜きによって逃がしたチャンスは2度とやってこない、また危機が過ぎ去ると人は平気で約束を反故（はご）にする、という2つの側面です。

「イソップ物語」から生まれた英語イディオム（3）

[sour grapes]

sour grapes の直訳は「すっぱいブドウ」ですが、「負け惜しみ」という意味で使われます。このイディオムの出典は、寓話集の「キツネとブドウ」(The Fox and the Grapes) です。この表現は、ご存じの人も多いと思いますが、キツネがブドウを見つけたが、高いところになっていて手が届かないので、I'm sure those grapes are sour anyhow.「あのブドウはすっぱいに決まっている」と、悔しまぎれに負け惜しみを言ったセリフから生まれたものです。また、「負け惜しみを言う」は cry sour grapes で、say sour grapes ではありません。

例文1　Beth said she never liked Duke anyway, but it was sour grapes.
ベスはデュークのことを決して好きではないと言ったが、それは負け惜しみだった)

例文2　Mr. Hill criticizes Ms. Bickford's latest book, but it feels like sour grapes.
ヒル氏はビックフォードさんの最新作を批評しているが、負け惜しみを言っているみたいだよ。

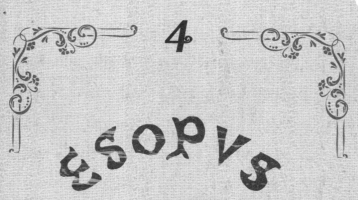

4

ÆSOPVS

Aesop's Fables
which help us when we lose
"Dreams and Hopes"

「夢や希望」を失った
ときのためのイソップ物語

46. The Hares and the Frogs

①The hares believed, for a long time, that all the other
　　　　　　信じた
creatures of the animal kingdom were their enemies.
生き物　　　　　動物王国　　　　　　　　　　　　　敵
②After a while, they became so tired of their many
　　しばらくして　　　　　　　　あまりにも〜なので―
fears and worries that they decided to put an end to
恐怖　　　心配事　　　　　　　決めた　　　〜を終わりにする
themselves and their troubles. ③They planned to drown
　　　　　　　　　　心配事　　　　　　　計画を立てた　　溺れ死ぬ
themselves in a nearby lake, and one day they gathered
　　　　　　　　　　　　湖　　　　　　　　　　　　　集まった
sadly at the water's edge. ④Just when they were about to
悲しそうに　水辺　　　　　　　　　今まさに〜しようとした
throw themselves into the water, they noticed that all the
身を投げる　　　　　　　　　　　　　　気づいた
frogs were rushing hurriedly into the deep water for
カエル　〜へ飛び込んでいた　あわただしく
safety. ⑤One of the wise old hares called out to his
安全　　　　　　　　　　　　　　　緊急に招集した
companions and shouted, "Stop killing yourselves. Our
仲間　　　　　　大声で言った　　　自殺すること
case is not so bad after all. Look, here are other timider
　　　　　　　　　結局　　　　　　　　　　　　　　より臆病な
creatures than we."

⑥When you have troubles, you should look below, not
　　　　　　　　　悩みごと　　　　　　　　　下へ
above. ⑦If you do so, you may realize how truly happy
上へ　　　　　　　　　　　　わかる　　　本当に
you are. ⑧During this age of COVID-19, we may have to
　　　　　〜の間　　　　新型コロナウイルス感染症　　　〜しなければならない
realize how blessed we were before.
認識する　　恵まれていた　　　以前は

[重要構文]

② so tired of their many fears and worries that they decided ~ （恐れや心配事であまりにも疲れたので、彼らは~を決めた）《so ~ that … は「とても~なので … 」という意。so は形容詞・副詞を修飾する。「so ~ that+ 肯定」は、~ enough to … に、「so ~ that+ 否定」は、too ~ to …に書き換えが可》

⑤ timider creatures than we （我々よりももっと臆病な生き物）《形容詞の比較級は「 … よりも一層~である」の意。形容詞・副詞の比較級・最上級を作る場合、1 音節と 2 音節では、原級に -er、-est をつけ、3 音節以上では、原級に more、most をつける》

46. ウサギたちとカエルたち

①ウサギたちは、長い間、動物王国のほかのすべての動物が自分たちの敵であると信じていました。②しばらくして、彼らは多くの恐怖と心配事の生活にあまりに疲れたので、自分たち自身と心配事に終止符を打つことにしました。 ③ウサギたちは、近くの湖で溺れて死ぬ計画を立て、ある日、悲しそうな顔をして水辺に集まりました。④彼らが湖に身を投じようとしたそのとき、ウサギたちはカエルたちが安全のために慌てて深い湖に飛び込んでいることに気づきました。⑤賢い年老いた 1 匹のウサギが、緊急に仲間を呼び寄せ、「自殺するのはやめなさい。結局、我々の場合はそんなにひどくないぞ。見てみろ、ここには我々よりももっと臆病な生き物がいるんだぞ」と大声で言いました。

⑥苦しいときは上を見るのではなく、下を見るといいのです。⑦そうすれば、今の自分が実際はいかに幸せであるかがわかります。⑧コロナ禍のいまこそ、これまでの私たちがいかに恵まれていたかということを知るべきなのかもしれません。

47. The Lion in Love

①A lion fell in love with a woodcutter's beautiful daughter
　　　　　～に恋した　　　　きこりの　　　　　　　　娘

and asked her to marry him. ②But, the woodcutter
　　　～に―するよう頼んだ　　～と結婚する

was unwilling to grant the lion's request. ③He asked
　～する気にならなかった　～を聞き入れる　要求

the lion, "Sir, I am greatly honored by your proposal.
　　　　ライオンさん　とても誇りに思う　　　　申し込み

But, sir, my daughter is afraid of your sharp claws and
　　　　　　　　　　　　～を怖がっている　　　　　　かぎ爪

great teeth. Before you can be a groom for her, please let
　歯　　　　　　　　　　　　花婿　　　　　　　　　　私に～させる

me cut off your claws and take out your teeth." ④The lion
　切り取る　　　　　　　　　抜く

was too deeply in love to deny the request. ⑤Soon after this
あまり～なので―できない 深く　　　拒否する

deed was done, the lion demanded that the woodcutter's
行為　　　　　　　　　　　～を要求した

daughter become his bride at once. ⑥But the woodcutter was
　　　　　　　　　花嫁　すぐに

no longer afraid of the lion, for now the great beast had
もはや～でない　　　　　　　というのも　　　　　獣

neither teeth nor claws. ⑦The lion sadly said, "Alas! Now I
～も―も持っていなかった　　　　悲しげに　　ああ

know that those in love really take leave of their senses."
　　　　　　　　　　　　　　　自分の分別を失う

⑧When moved by sympathy, you should not do foolish things
　　　　　　　同情　　　　　　　　　　　　　　馬鹿げた

like giving up your strength (special abilities, talents). ⑨Soon
　諦めること　　力　　特技　　　　　才能

after you give up your weapons, people will give you the cold
　　　　　　　　　　　　　　　　　　　　　(あなたに)冷たい態度をとる

shoulder.

[重 要 構 文]

④ too deeply in love to deny (とても愛していたので、拒否することができない)《too 〜 to … は「あまりに〜なので … できない」という意》

⑥ the great beast had neither teeth nor claws (偉大な獣には牙もなくかぎ爪もなかった)《neither A nor B は「A も B も〜ない」という意》

47. 恋をしたライオン

①ある１匹のライオンが、きこりの美しい娘に恋をし、彼女に結婚を申し込みました。②しかし、きこりは、ライオンの要求を聞き入れる気にはなれませんでした。③きこりは、「ライオンさん、あなたの申し出をとても嬉しく存じます。しかし、私の娘はあなたの鋭いかぎ爪と大きな牙を怖がっています。あなたが娘の花婿になる前に、どうか私にあなたのかぎ爪を切らせ、牙を抜かせてください」と言いました。④ライオンは彼女をとても愛していたので、拒否することができませんでした。⑤このことが実行されるとすぐ、ライオンはきこりの娘がすぐに自分の花嫁になるように要求しました。⑥しかし、偉大な獣にはもう牙もかぎ爪もなかったので、きこりはライオンを怖がりませんでした。⑦ライオンは、「悲しいことだ！ 今、本当に恋に落ちた者は分別を失うってことがわかったよ」と悲しそうに言いました。

⑧情にほだされて武器（特技・才能）を捨てる愚を犯してはいけません。⑨武器を捨てたとたん、世間は冷淡になるでしょう。

48. The Boy and the Nuts

①One day, a boy saw a pot which was full of
　　　　　　　　　　　　　つぼ　　　　　　　　〜がいっぱい入っていた
walnuts, and he reached his hand into the pot to get some
クルミ　　　　　　　〜に手を突っ込んだ　　　　　　　　　いくつかを取り出す
out. ②He grasped as many as he could hold, and then tried
　　　　　つかんだ　〜できるだけ多くの　　　（手で）握る
to pull out his hand. ③His fist was bulging with the
　引き抜く　　　　　　　拳　　膨らんでいた
walnuts, and he could not get his hand out of the pot. ④He

would not give up any of the walnuts, nor would he draw
　　　　　諦める　　　　　　　　　　しかも〜ない　　引き抜く
out his hand, so the boy burst into tears. ⑤A man who was
　　　　　　　　　　　　泣き出した
passing by saw him crying and said, "If you will be
通りかかった　　　　　泣いている
satisfied with fewer nuts, you will be able to get your
〜に満足する　より少ない　　　　　　　　　　手を引き抜く
hand free. It is better to be content with half than to
　　　　　　〜よりよい　〜に満足する　　　　　　　　　　　　　　　
lose all."

⑥It seems that people go off the deep end when
　　　　　　　　　　　　前後の見境をなくす
they become greedy and only focus on benefits rather
　　　　　欲深い　　　〜するばかり　焦点を当てる　利益　　〜よりも
than life.
　　　命

[重要構文]

① a pot which was full of walnuts（クルミの実がいっぱい入っているつぼ）《which は関係代名詞で、カンマ (,) がないので制限用法。先行詞は a pot》

② as many as he could hold（つかめるだけ多く）《as ～ as … can は「…ができるだけ～」という意》

⑤ It is better to be content with half than to lose all.（全部を失うよりも半分で満足するほうがいい）《it is ～（for A) to …「（A が）… するのは～である」の意。it は形式主語で、to 以下を表す。A は真主語》

48. 少年とクルミの実

①ある日、1人の少年が、クルミの実がたくさん入っているつぼを見つけて、中からクルミをいくつかつかみ取ろうと、つぼに手を突っ込みました。②彼はつかめるだけ多くのクルミをつかんで、つぼから手を引き抜こうとしました。③しかし、クルミの実をつかんだ彼の拳は膨らみ、彼はつぼから手を引き抜くことができなくなりました。④彼はクルミの実を1つも諦める気がなく、また手を引き抜くこともできなかったので、泣き出しました。⑤そばを通りかかった1人の男が、泣いている少年の姿を見て、「クルミの実を少し減らしてもいいなら、つぼから手が抜けるよ。すべてを失うより半分で満足するほうがいいよ」と言いました。

⑥人間は欲にかられると前後の見境がなくなり、命よりも利益のほうを重視するようです。

49. The Trees and the Ax

①A woodcutter asked the trees to provide him with a
きこり　　　　　　　　　～に―するよう頼んだ　　　　提供する

handle for his ax in the forest. ②Some of the trees,
柄　　　　　斧　　森

wishing to save themselves, told the woodcutter that a
～を願って　自分の身を守る

very young ash tree would be best. ③The woodcutter
ナナカマド(の木)

then pulled the ash tree out of the ground. ④The
～を(引き)抜く　　　　～から　地面

woodcutter had no sooner carved the ash tree into a
　　　　　　　　～するとすぐ　削った

sturdy handle than he began to use his ax. ⑤He cut down
丈夫な　　　　　　　　　　　　　　　　　　　　切り倒した

many trees in the forest. ⑥Then, an old oak said to a
　　　　　　　　　　　　　　　　　　　　　カシ(の木)

cedar tree nearby, "If we had not given the ash tree to
杉の木

please him, we all might have stood for hundreds of
喜ばせる　　　　　　　　　　　　　数百年間

years here." ⑦"Yes," said the cedar tree sadly, "We
　　　　　　　　　　　　　　　　　　　　悲しそうに

should have known that if we want to protect
～ということを知っておくべきだった　　　　　　　守る

our own lives, we must protect the lives of others."
自分たち自身の命

⑧No matter who you are, you shouldn't give your power to
誰であっても～　　　　　　　　　　　　　　　　力

the other people. ⑨Aesop advises that your sin will find
　　　　　　　　　　　　忠告する　　　人の罪がその人を見つけ出すだろう

you out if you give it to somebody else.
　　　　　　　　　　　　　誰か他の人

[重 要 構 文]

- -

④ The woodcutter had no sooner carved the ash tree into a sturdy handle than he began to use his ax. （きこりは、ナナカマドの木を削って丈夫な斧の柄を作るやいなや、その斧を使い始めた）《no sooner ～ than … は「～するとすぐに …」という意》

⑥ we all might have stood for hundreds of years here （我々はみな、ここに何百年間も立っていたかもしれない）《may [might] have + 過去分詞は、「～したかもしれない」という意》

⑦ We should have known ～ （我々は～を知っておくべきだった）《should have + 過去分詞は「～すべきだった」を意味する》

49. 木々と斧

①森の中で、1人のきこりが自分の斧の柄（おの）（え）を提供してくれるように、いろいろな木に頼みました。②何本かの木が、自分の身を守ろうとして、若いナナカマドの木が最高だときこりに教えました。③すると、そのきこりは地面からそのナナカマドの木を引き抜きました。④きこりは、ナナカマドの木を削って、丈夫な斧の柄を作るやいなや、その斧を使い始めました。⑤彼は、森の中の多くの木を切り倒しました。⑥すると、年老いたカシの木が、近くの杉の木に、「きこりを喜ばせるためにナナカマドの木をさし出さなければ、我々はみな、ここに何百年間も立っていれたかもしれないな」と言いました。⑦杉の木は、「うん、そうだな。我々は、自分たちの命を守ろうとすれば、他人の命を守らなければならない、ということを知っておくべきだったな」と、悲しそうに言いました。

⑧誰であろうと、不要に他人に力を与えてはいけません。⑨人に力を与えると、必ずその害がわが身に及ぶ、とイソップは忠告しています。

50. The Horse and the Miller

①An old horse was sent to the mill to turn the stones
　　　　　　　　　　　　　　粉ひき場　　　　石うすを回す
instead of serving in battle. ②The horse complained
～の代わりに　働くこと　戦場で　　　　　　　　　　～に不満であった
about this daily grind. ③He deplored his present
　　　　辛くて味気のない毎日(の仕事)　嘆き悲しんだ　　　　現在の
life, remembering his past glory in battles. ④The horse
　　　思い出して　　　　過去の栄光
exclaimed, "Woe is me! Listen carefully, miller. When I
大声で言った　悲哀　　　　注意深く　　粉屋
was destined for the battlefield, I was decorated
(～へ行く)運命にあった　　　　　　　　　　～で飾り立てられた
all over with armor and I had a man to serve me as my
(体)全身　　　甲冑　　　　　　　　　　　～に仕える
stableman. As you see how I am now, I don't know why I
馬丁　　　　　　　　私が今どうであるか
was sent to this mill instead of a battle." ⑤The miller said
to the horse, "Can't you keep quiet? I am tired of your
　　　　　　　　　静かにしている　　　　～にうんざりしている
raving about the past. Luck can change people's lives
～についてくどくど言うこと　過去　運　　～を―へ変える
for better or for worse. And, life is full of ups and
downs!"　　　　　　　　　　　　　　　　　　　　浮き沈み

⑥The phrases "Those were the (good old) days … ." and
　　言葉
"The present time is terrible." are two sides of the same
　　　　　　　　　ひどい
coin. ⑦If you don't want to be looked down upon, you
硬貨　　　　　　　　　　　　　　　さげすまれる
should not envy your past glory.
　　　　　～をうらやむ　　栄光

[重要構文]

① was sent to the mill（粉ひき場へ送られた）《受身文（be+ 動詞の過去分詞形）》

③ remembering his past glory in battles（かつての戦争での栄光を思い出して）《分詞構文。「～して、～ながら、～なので、～ならば」などと訳す》

④ I don't know why I was sent to ～（なぜ～へ送られたかわからない）《間接疑問文（疑問詞が接続詞として用いられ、疑問詞の意味を残した名詞節を導く》

50. ウマと粉屋

①年老いたウマは、戦場で働く代わりに、石うすを回す粉ひき場へ送られました。②このウマは、辛くて味気のない毎日の仕事に不満でした。③彼は、かつての自分の戦争での栄光を思い出して、現在の生活を嘆き悲しみました。④「悲しいことだ。粉屋さん、よく聞いてください。戦場に送られることになったとき、私はよろいで飾り立てられ、馬丁（ばてい）がつきっきりで世話をしてくれたのです。今ではこの有様で、私は戦場の代わりに、なぜこの粉ひき場へ送られたかがわかりません」と大声で言いました。⑤粉屋は、ウマに向かって、「おい、静かにしていてくれないか。おまえが過去について、くどくど言うのを聞くのはうんざりだ。巡り合わせとは人生をよい方にも悪い方にも変えるんだよ。そして、人生とは浮き沈みが激しいんだよ」と言いました。

⑥「あの時代はよかったなぁ…」というのは、「今はひどいもんだ」というのと表裏一体です。⑦人にさげすまれたくなかったら、自分の過去の栄光をうらやましく思わないことです。

51. The Donkey and His Masters

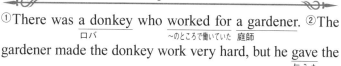

①There was a donkey who worked for a gardener. ②The
　　　　　　　　ロバ　　　　　　　　　〜のところで働いていた　　　庭師
gardener made the donkey work very hard, but he gave the
　　　　　　　　　　　　　　　　　　　　　　　　　　　　　　　与えた
donkey what little food he had. ③The donkey prayed to
　　　　　　　　　　食物　　　　　　　　　　　　　　　　〜に一するよう懇願した
Zeus to take him away from the gardener and give him
ゼウスの神　自分を救い出す
to another master. ④So, Zeus sent the donkey to a potter.
　　別の　　主人　　　　　　　　　　　　　　　　　　　　　　　　焼き物師
⑤But, the donkey again found this situation unbearable,
　　　　　　　　　　　　　　　　　わかった　　状況　　耐え難い
since he had to carry even heavier loads than before. ⑥He
　　　運ばなければならなかった　さらに　より重い　荷
asked Zeus once again. ⑦This time Zeus sent the donkey

to a tanner. ⑧The donkey saw what kind of work the
　　なめし革業者
tanner did, and said sadly, "Oh, it would have been better
　　　　　　　　　悲しそうに
for me to have kept on working for my previous masters in
　　　　　　　　　　　　　　　　　　　　　　　　以前の
a state of starvation! Now I have come to a place where I
状態　　　飢餓
can't even get a proper burial after I die."
　　　　　　　　適切な　葬式
⑨The lawn is always greener on the other side of the
　　　芝生　　　　　　　より緑色で　　反対側
fence. ⑩Actually, there may not be much difference
垣根　　実際　　　　　　　　　　　　大きな　違い
between the two yards. ⑪This fable urges us to do our
〜の間に　　　　　庭　　　　　　　　　〜に一するよう促す
best in the given situation.

[重要構文]

② He made the donkey work（彼はロバを働かせた）《S+ 使役動詞 +O+C（V の原形）は「S は O に C させる」という意》

② what little food（ほんのわずかなエサ）《what little 〜「ほんのわずかな〜」という意で、数えられない名詞につける。cf. what little money（なけなしのお金）。数えられる名詞には、few をつける》

⑧ have kept on working（働き続けていた）《完了不定詞（to have+ 過去分詞）》

51. ロバと飼主たち

①植木屋に雇われているロバがいました。②植木屋はロバをこき使いましたが、ほんのわずかのエサしか与えませんでした。③ロバはゼウスの神に植木屋から自分を救い出し、別の主人に仕えさせてくれるよう頼みました。④そこで、ゼウスの神は、ロバを焼き物師の所へ送りました。⑤しかし、ロバは以前よりも重い荷を運ばなければならず、新しい状況も耐え難いものであることを知りました。⑥ロバは、もう一度、ゼウスの神に頼みました。⑦ゼウスの神は今度は、ロバをなめし革業者の所へ送りました。⑧ロバは、なめし革業者が行なっている仕事の内容を見て、「前の主人に仕えて、ひもじい思いをして働き続けていたほうがましだったよ！ 今や、死んでも適切な葬儀さえできない場所に来てしまったんだから」と嘆きました。

⑨隣の芝生はいつも青く見えるものです。⑩実際、どちらの庭も大した違いはありません。⑪この寓話は、与えられた環境で努力するように、と促しています。

52. The Fishermen and the Stone

①Some fishermen were hauling in their net. ②It was
　　　漁師たち　　　　～を引き上げていた　　　　網
quite heavy, so the fishermen made merry and danced
かなり　重い　　　　　　　　　　　浮かれた
for joy, thinking that they had got a very big catch.
大喜びして　　　　　　　　　　　　　　　　　　　捕獲高
③But when they finally dragged it in, they found that the
　　　　　　　　ついに　～を引き上げた　　　　わかった
net contained only a few fish and a very large stone.
　　～が入っていた
④The fishermen grew extremely discouraged because of
　　　　　　　（～の状態に）なる 極端に　落胆した　　　～のために
the lack of fish. ⑤Then one of the fishermen, an
不足
experienced old man, remarked, "Let's not gripe about it
経験を積んだ　　　　　～と述べた　　　　　　　～について不平を言う
now, my friends! We have learned that sometimes we are

lucky and other times we are unlucky."
幸運な　　　他の時に　　　　　　不運な
⑥We hope that, someday, our life with the COVID-19
　　─と願う　　いつの日か　　　　　　　　─を伴う～
outbreak will be one of the valuable lessons, and we will
　　　　　　　　　　　　　　　　　価値のある
say that it became a turning point to the splendid future.
　　　　　　　　　　　転機　　　　　　　すばらしい　未来

[重 要 構 文]

- -

① Some fishermen were hauling in their net.（何人かの漁師が網を引き上げていました）《S + was [were] -ing は過去進行形》

② thinking that they had got a very big catch（大漁だと思って）《分詞構文。「～なので、～ならば、ながら、から」などと訳す》

⑤ Let's not ～（～するのはやめよう）《Let's ～の否定形》

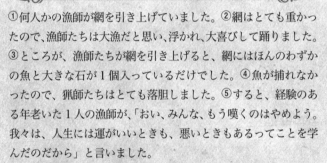

52. 漁師たちと石

①何人かの漁師が網を引き上げていました。②網はとても重かったので、漁師たちは大漁だと思い、浮かれ、大喜びして踊りました。③ところが、漁師たちが網を引き上げると、網にはほんのわずかの魚と大きな石が１個入っているだけでした。④魚が捕れなかったので、猟師たちはとても落胆しました。⑤すると、経験のある年老いた１人の漁師が、「おい、みんな、もう嘆くのはやめよう。我々は、人生には運がいいときも、悪いときもあるってことを学んだのだから」と言いました。

⑥いつの日か、今回のコロナ禍での生活が、得がたい教訓となり、すばらしい未来への転機となったと言えるようになればいいと思います。

53. The Goose and the Swan

①A wealthy man wanted to raise a goose and a swan
　　裕福な　　　　　　　　育てる　ガチョウ　　　ハクチョウ

together but for different purposes: the swan was for
一緒に　　　　　　異なる　目的

singing and the goose was for eating. ②Finally the day
歌声を聞くために　　　　　　　　　食べるために　　ついに

of fate had arrived for the goose to have his throat cut.
運命　（日時が）到来した　　　　　　　　　　　　　　ノド

③However, it was dark at night, so the man was not able to

recognize which bird was which. ④As a result, he
見分ける　　どっちの鳥がどっちか　　　　結果として

grabbed the swan instead of the goose. ⑤The swan then
捕まえた　　　　　～の代わりに　　　　　　　　　そのとき

started to sing a song in order to prove herself, and thus
　　　　　　　　　　～するために　証明する　　　　こうして

narrowly escaped from death.
辛うじて　死から逃れた

⑥It is quite difficult to prove innocence if you are falsely
　　　かなり　難しい　　　　　無実　　　　　　　冤罪に問われる

accused. ⑦There is a saying "Fools rush in where angels
　　　　　　　　　　ことわざ　愚者　飛び込む　　　　天使

fear to tread." ⑧It might be a good idea that women-only
～(すること)を恐れる 足を踏み入れる　～かもしれない　　　　女性専用の

train cars are designated in order to keep men from being
電車　車両　　指定される　　～するために　～しないでいる

suspected as sexual molesters.
疑いをかけられる　　性的な　いたずらをする人

[重 要 構 文]

② to have his throat cut（彼がノドを切られる）《have [has] + 目的語 + 過去分詞は、「〜させる、〜してもらう」という意で、「使役」を表す》

③ it was dark（暗かった）《この it は、特別用法で、時間・距離・天候・明暗・漠然とした状況を表す。この用法の it は特に訳す必要はない》

③ which bird was which（どちらの鳥がどちらか）《間接疑問（疑問詞を接続詞として用いた文）》

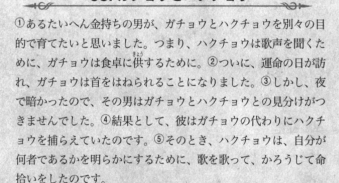

53. ガチョウとハクチョウ

①あるたいへん金持ちの男が、ガチョウとハクチョウを別々の目的で育てたいと思いました。つまり、ハクチョウは歌声を聞くために、ガチョウは食卓に供（きょう）するために。②ついに、運命の日が訪れ、ガチョウは首をはねられることになりました。③しかし、夜で暗かったので、その男はガチョウとハクチョウとの見分けがつきませんでした。④結果として、彼はガチョウの代わりにハクチョウを捕らえていたのです。⑤そのとき、ハクチョウは、自分が何者であるかを明らかにするために、歌を歌って、かろうじて命拾いをしたのです。
⑥冤罪（えんざい）に問われたら、無実を証明するのはかなり難しいのです。
⑦君子危うきに近寄らず（※ 直訳は【愚者は天子が恐れて足を踏み入れないところに飛び込む】）ということわざがあります。
⑧男性が痴漢（ちかん）の疑いをかけられないために、女性専用車両があるのは、いいアイデアかもしれません。

54. The Young Man and the Swallow

①A young man lost all his possessions while gambling.
失った　　　　　財産　　　　　ギャンブルをしている間に

②All he had was one piece of clothing to bear the winter
一着　　　　衣服　　　　　耐える　冬の寒さ

cold. ③Although spring had not yet come, a swallow had

already appeared. ④Hearing the lovely chirping of the
姿を現した　　　　　　　　　かわいい　チュンチュンという鳴き声

swallow, this young man thought that spring was just
思った

around the corner. ⑤The man then went to gamble
すぐ近くまで来ていた　　　　　　そこで

again. ⑥After just a few rolls of the dice, he had to give
(サイコロの)振り　サイコロ　　　諦めなければならなかった

up his only overcoat in order to beat the cold. ⑦A
唯一の　オーバー　　　　　　　凌ぐ

snowstorm blew up, so everyone needed an extra
吹雪　　　　発生した　　　　　　　　　　必要とした　　　余分の

overcoat. ⑧When the young man saw the chattering
さえずっている

swallow at the doorway once again, it was dead on the
戸口　　　　　もう一度　　　　死んでいた

ground. ⑨He said, "You miserable creature. I wish I had
地面　　　　　　　　　みじめな　　生き物

never come across you! You deceived not only yourself
出くわす　　　　　　　　欺いた

but also me!"

⑩It is wise to stay away from "those self-centered
近づかない　　　　　　　　　　　自己中心的な

people" who blame all of "their own shortcomings" on
責める　　　　　　　　　　欠点

other people and their social environment.
環境

[重要構文]

① while gambling（ギャンブルをしていて）《while 〜 ing は、「〜の間に、〜しながら」という意。主語が同じ場合、while の後の主語と be 動詞が省略されることがある》

⑨ I wish I had never come across you!（おまえなんかに出会わなければよかったんだ！）《I wish 〜 「〜だといいのに」の後の仮定法過去は現在の事実に反する願望を、仮定法過去完了は過去の事実に反する願望を表す》

⑨ You deceived not only yourself but also me!（おまえは、自分自身ばかりでなく俺をも欺いたんだからな！）《not only A but also B は「A ばかりでなく B も」という意》

54. 若者とツバメ

①ある若い男がギャンブルをして全財産を失いました。②彼に残っているものといえば、冬の寒さを凌ぐためのオーバー1着だけでした。③まだ春は訪れませんでしたが、すでに1羽のツバメが姿を現していました。④若者は、ツバメのかわいいさえずりを聞いて、もうすぐ春がくるのだと思いました。⑤そこで、この若者は、再びギャンブルをしに出かけました。⑥彼は、サイコロを2〜3回振っただけ（で負けたの）で、寒さを凌ぐために持っていた唯一の持ち物であるオーバーを諦めざるを得ませんでした。⑦それからまもなく、吹雪になり、誰にも（寒さを凌ぐために）衣服がもう1着必要になりました。⑧この若者が再び戸口でさえずっていたツバメを見てみると、ツバメは地面に落ちて死んでいました。⑨彼は、「このみじめな生き物め。（春が来る前に）おまえなんかに出会わなければよかったよ！ おまえは、自分ばかりでなく、俺をも欺いたんだからな！」と言いました。
⑩「身から出たサビ」をすべて他人や環境のせいにする「ジコチュー人間」には近づかないことが賢明です。

「イソップ物語」から生まれた英語イディオム（4）

[kill the goose that laid the golden eggs]

　毎日 1 個ずつ金の卵を産むガチョウを飼っていた農夫が、1 日 1 個の金の卵では満足できず、一挙に大金を得ようとして、そのガチョウを殺してしまい、死んだガチョウはもう卵を産むことができず、愚かなこの農夫もやがてそのことに気づくという、寓話集の「金の卵を産むガチョウ」（The Goose with the Golden Eggs）に由来しています。「目先の欲のために将来の大きな利益を犠牲にする」、「不注意な行為をして財源をなくす」、「目先の損得にとらわれて大損を招く［元も子もなくす］（ような行動をする）」という意で、一般には戒めとして使われます。単に kill the golden goose ということもあります。後になって、この表現に not をつけて、Kill not the goose that lays the golden eggs.「目先の欲のために将来の大きな利益を犠牲にするな」ということわざも生まれています。

例文1　　You shouldn't kill the goose that lays the golden eggs.
　　　　目先の損得にとらわれたらだめだよ。

例文2　　Don't cut down your boss. You will kill the goose that lays the golden eggs.
　　　　君の上司には嫌みを言うなよ。そんなことをしたら、元も子もなくなるからな。

5

**Aesop's Fables
which show
"Human Weakness and Foolishness"**

人間の「醜さや愚かさ」を
表すイソップ物語

55. The Dog in the Manger

①A dog was looking for a comfortable place to take a
　　　　　探していた　　　　　　快適な　　　　　　　　　　昼寝をする
nap, and he came upon the empty manger of an ox.
　　　　　　　～を偶然に見つけた　空になった　かいば桶　　雄牛
②There it was quiet and cool, and the hay was soft. ③The
　そこでは　　　静かで　　　　　　　　枯れ草
dog curled up on the hay and was soon fast asleep. ④A
　　くるまった　　　　　　　　　　　　　　　　　　ぐっすり眠って
few hours later, the ox lumbered in from the fields. ⑤He
　　　　　　　　　　　　　のっしのっしと歩いて入ってきた　田畑
had worked hard all day and was looking forward to
　　　　　　　　　一日中　　　　　　　楽しみにしていた
his gorgeous dinner of hay. ⑥His heavy steps woke the
　　　豪華な　　食事　　　　　　　　重い足どり(の音)　目覚めさせた
dog, who jumped out of his skin. ⑦As the ox came near
　　　　　びっくりした
the manger, the dog almost bit him angrily. ⑧Again
　　　　　　　　　　　すんでのところで　かみついた　怒って　　　何度も何度も
and again the ox tried to reach his food, but each time the
　　　　　　　　　　　　　　　　　　　　　　　　　　　毎回
ox tried to do so, the dog stopped him. ⑨At last the
　　　　　　　　　　　　　　　　とめた　　　　　　　ついに
patient ox spoke up, "You do not want to eat my dinner,
忍耐強い
nor will you let me have it. Regretfully, there are those
　　　　　　　　　　　　　　　　残念ながら
who grudge to others what they themselves cannot enjoy."
　　～に与えるのを惜しむ
⑩Selfish people who ignore others' convenience will not
　身勝手な　　　　　無視する　他人の　　都合
be taken seriously by anybody before long.
　　　　　真面目に　　　　　　　　まもなく

⑥ the dog, who jumped out of his skin（イヌ、そのイヌはびっくりしました）
《関係代名詞の継続（非制限）用法。関係代名詞・関係副詞の前にカンマ
(,) がついていないのは制限（限定）用法》

⑨ You do not want to eat my dinner, nor will you let me have it. (君は私の
食べ物を食べないし、また私にもそうさせようとしない)《nor「… もま
た〜ない」の後ろでは倒置が起こる)》

⑨ they themselves（彼ら自身が）《名詞の後の再帰代名詞はその名詞を強調
する》

55. かいば桶の中のイヌ

①あるイヌが、昼寝をするのに適切な場所を探していて、偶然に
空になっている雄牛のかいば桶を見つけました。②そこは静か
で、涼しく、干し草は柔らかでした。③イヌは干し草にくるまり、
まもなく寝入ってしまいました。④2〜3時間後、雄牛が田畑か
らのっしのっしと歩いて帰ってきました。⑤雄牛は一日中、懸命
に働いたので、干し草のごちそうを食べるのを楽しみにしていま
した。⑥雄牛の重々しい足音で寝ていたイヌは目を覚まして、び
っくりしました。⑦雄牛が自分のかいば桶に近づくと、イヌは腹
を立ててかみつこうとしました。⑧何度も何度も、雄牛は自分の
食べ物に近づこうとしましたが、雄牛が近づくたびに、イヌは雄
牛に食べさせようとはしませんでした。⑨忍耐強い雄牛はついに、
「君は僕の干し草を食べないくせに、私にも食べさせようとしな
いのだな。残念ながら、自分自身で楽しめないことをほかの人に
もそうしてほしくないと思う者がいるもんだ」と言いました。
⑩相手の都合を無視する身勝手な人間は、すぐに誰からもまとも
に相手にされなくなります。

56. The Fox and the Woodcutter

①A fox who was chased by a pack of hounds ran up to a
　　　　　　　追いかけられた　　　一団　　猟犬　　　～へ駆け寄ってきた
woodcutter outside his hut and asked him to let him hide in it.
きこり　　　　　　　小屋　　　　　～に一するよう頼む　　隠れる
②The woodcutter told him to hide in it. ③Soon, the hunter
　　　　　　　　　　　　　　　　　　　　　　　　　　猟師
came and asked him which way the fox went. ④The woodcutter

replied in a voice loud enough for the fox to hear, "No, I don't. I
答えた　　　　　～するのに十分なくらい大きな
have not seen a fox, either." ⑤At the same time, he pointed to
　　　　　　　　　　～もまた一ではない　同時に　　　　　　　　　　～の方向を指さした
the hut where the fox was hiding. ⑥But, the hunter did not

notice his gestures and went off. ⑦Soon after the hunter had
気づく　　　身振り　　　立ち去った
gone, the fox started off without a word. ⑧Then, the
　　　　　　　　出発した　　　一言(の礼)も言わずに
woodcutter called after him and said, "Hey. You owe your life
　　　　　　　～を呼びとめた　　　　　　　　　　　　　　～を負っている
to me, yet you leave here without a word of thanks?" ⑨So, the
　　　　　　　　　立ち去る　　　　　　　　　　　感謝
fox replied, "I would have thanked you if your deed had been
　　　　　　　　　　　　　　　　　　　　　　　　　　行為
as kind as your words, but, there were many differences
　　　　　　　　　　　　　　　　　　　　　　　　　　　　違い
between your hands and your speech!"
～の間に　　　　　　　　　　言葉
⑩This is not a rare case. ⑪There are quite a few people who
　　　　　　　　珍しい　　　　　　　　かなり多くの
have a disgusting personality of this kind.
むかつくような　性格　　　　この種

136

[重要構文]
- -

⑤ the hut where the fox was hiding（キツネが隠れている小屋）《関係副詞の制限（限定）用法。関係代名詞・副詞の前にカンマ (,) がついているのは継続（非制限）用法》

⑨ I would have thanked you if your deed had been ～（あなたの行為が ～ だったら、私はお礼を言ったろうに）《仮定法過去》

⑨ as kind as your words（君の言葉と同じくらい親切で）《as ～ as … は「… と同じくらい～」という意》

56. キツネときこり

①猟犬の群れに追われていたキツネは、小屋の外にいたきこりのところへ駆け寄り、きこりにその小屋の中に隠れさせてくれるように頼みました。②きこりは、小屋の中に隠れるよう言いました。③まもなく、猟師がやって来て、キツネがどっちの方向へ行ったかと尋ねました。④きこりは、キツネに聞こえるような大きな声で、「いいや、知らないな。キツネを見かけてもいないし」と答えました。⑤と同時に、きこりはキツネが隠れている小屋を指さしました。⑥しかし、猟師は、彼の身ぶりに気づかずに立ち去りました。⑦猟師たちが去るとすぐ、キツネは一言の礼も言わず、そこを去ろうとしました。⑧そこで、きこりは、「おい」と、キツネを呼びとめて、「命を助けてもらったのに、一言の礼も言わずに出て行くのか？」と言いました。⑨すると、キツネは、「あなたの行為が、あなたの言葉と同じくらい親切なものだったら、お礼を言うのですが。でも、あなたの手の合図とあなたの言葉は大きく異なっていたのですよ！」と言いました。
⑩これは、特別珍しいことではありません。⑪この種のいやらしい性格の人間は結構多くいます。

57. The Shepherd and the Wolf

①A shepherd found a young wolf which had been
　ヒツジ飼い　　見つけた　　　　　　　　　　　　　　　　　見捨てられた
abandoned by its mother. ②He brought the wolf home and
　　　　　　　　　　　　　　　　　　　　　　　　〜を連れてきた　　　　家へ
took care of it. ③Later, he taught the wolf how to steal
面倒を見た　　　　　その後　　　教えた　　　　　　　　　　　　　　盗む
lambs from the neighboring flocks. ④However, one day,
子ヒツジ　　　　　近くの　　　（動物の）群れ
this wolf stole a sheep from the shepherd's own flock.

⑤The shepherd reproached him bitterly. ⑥But the wolf
　　　　　　　　　〜を叱った　　　　厳しく
said, "To tell the truth, you are the one who taught me
　　　　実をいうと
how to steal, aren't you? If you teach evil, you must
　　　　　　　　　　　　　　　　　　　　　　　　悪いこと
expect evil."
予期する
⑦This story symbolizes "foolish parents" just like "The
　　　　　　　象徴する
Thief and His Mother" (Fable 41).

[重 要 構 文]

③ he taught the wolf how to steal lambs（彼はオオカミに子ヒツジの盗み方を教えました）《how to ～ は「～の仕方、どのように～すべきか」という意》

⑥ to tell the truth,（実をいうと、）《独立不定詞（主文から独立して文全体を修飾する不定詞）》

⑥ You are the one who taught me how to steal, aren't you?（盗み方を教えたのは、あなたじゃないですか？）《付加疑問（念を押したり、同意を求めたりする文）では、付加の部分の語順は主節と逆にする》

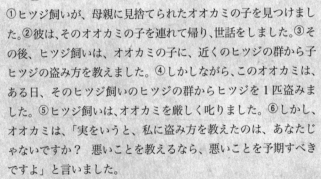

57. ヒツジ飼いとオオカミ

①ヒツジ飼いが、母親に見捨てられたオオカミの子を見つけました。②彼は、そのオオカミの子を連れて帰り、世話をしました。③その後、ヒツジ飼いは、オオカミの子に、近くのヒツジの群から子ヒツジの盗み方を教えました。④しかしながら、このオオカミは、ある日、そのヒツジ飼いのヒツジの群からヒツジを1匹盗みました。⑤ヒツジ飼いは、オオカミを厳しく叱りました。⑥しかし、オオカミは、「実をいうと、私に盗み方を教えたのは、あなたじゃないですか？ 悪いことを教えるなら、悪いことを予期すべきですよ」と言いました。

⑦この話は、「盗人とその母親」（41）と同様、ズバリ「バカ親」を象徴しています。

58. The Miser

①A miser sold all his possessions and bought a great lump
ケチな人　売り払った　　所有物　　　　買った　　　　　塊

of gold. ②He buried the gold in a hole which he dug at the
金　　　埋めた　　　　　　穴　　　　　掘った

edge of the garden. ③Once a day thereafter, the miser went to
端　　庭　　　　　　一日に一度　その後

the garden, dug up his lump of gold, and fondled it lovingly.
　　　　　掘り出した　　　　　　　　なで回した　愛情を込めて

④One of the miser's workmen wondered why his master
　　　　　　　　　　使用人　不思議に思った　　　主人

went to the garden everyday. ⑤One day he found the hidden
　　　　　　　　　　　　　　　　　　　　　　　　　隠された

treasure. ⑥That night, after the master went to bed, the
宝　　　　　　　　　　　　　　　　　　床についた

workman sneaked into the garden and stole the lump of gold.
　　　　　〜に忍び込んだ　　　　　　　盗んだ

⑦When the miser found that his gold was stolen, he told his
　　　　　　　　気づいた　　　　　　　盗まれた

neighbor what had happened. ⑧Then the neighbor said,
隣人　　　何が起こったか

"Go and find a stone somewhere. And, put the stone in the
　　　　　　石ころ

hole and imagine that it is your lump of gold. The stone will
　　　　想像する

serve your purpose, for you never tried to use your lump of
〜にかなう　目的　というのは

gold anyway. What you have is of no more use than what you

have not."

⑨We cannot realize money's value until we use it. ⑩Those
　　　　　　わかる　　　　価値

who do not use money and just save it are called "misers."
　　　　　　　　　　　　　　　　　　　　　　守銭奴

[重 要 構 文]

④ wondered why 〜 （なぜ〜なのか不思議に思いました）《why 以下は間接疑問文で名詞の節の一部となる。関係疑問の語順は平叙文と同じ》

⑦ what has happened （起こったこと）《この what 以下は間接疑問文》

⑧ What you have is of no more use than what you have not. （あなたが持っている物は、持っていないのと同じく何の役にも立たない）《no more 〜 than … は「… ないのと同様に〜ない」という意で、「〜があり得ない」ということを強調するために、… を引き合いに出す構文》

⑨ We cannot realize money's value until we use it. （お金は、使うまでその価値がわからない）《not 〜 until … は「… になってはじめて〜になる」とも訳せる》

58. ケチな男

①あるケチな男が、自分の所有物をすべて売り払って、大きな金塊を買いました。②彼は、庭の脇に大きな穴を掘り、そこに金塊を埋めました。③その後、この男は1日に1度、庭へ行っては金塊を掘り出し、丁寧にそれをなで回しました。④このケチな男の使用人の1人は、主人が毎日、なぜ庭へ行くのかと不思議に思いました。⑤ある日、彼は隠された宝を見つけました。⑥その夜、ケチな男が眠りにつくと、使用人はこっそり庭へ忍び込み、その金塊を盗み出しました。⑦ケチな男は、金塊が盗まれたことに気づくと、何が起こったかを隣人に告げました。⑧すると、隣人は「どこかへ行って、石を1つ拾ってきなさい。そして、その石を穴に埋め、それを自分の金塊だと思いなさい。その石はあなたの目的にかないますよ。なぜなら、あなたは自分の金塊を使おうとしなかったのですから。あなたが持っているものは、持っていないのと同じで何の役にも立ちませんよ」と言いました。

⑨お金は使ってこそ威力を発揮するのです。⑩お金の使い方を知らずに貯め込むばかりの人間は「守銭奴(しゅせんど)」と呼ばれます。

59. The Old Woman and the Doctor

①An old woman who had lost her eyesight said to the eye
doctor, "If you cure me of my blindness, I will pay you well."
②The doctor who agreed to this gave her useless ointment
every week. ③However, he never visited her house without
carrying one piece of furniture away. ④Then the doctor gave
her good medicine so she could see again. ⑤She had
recovered, but she saw that her house was empty. ⑥So, she
would pay him nothing. ⑦The doctor insisted that she pay
him, but she refused. ⑧So, the doctor took her to court.
⑨She said to the judge, "I did promise to pay him well if I
recovered my sight. Now he says I am cured, but I do say I'm
still blind, because just before I lost my eyesight, my house
was filled with fine furniture. But, yet now I am not
able to see any of it with my eyes opened!"
⑩This fable warns us not to trust other people too quickly.

142

［重 要 構 文］

- -

③ he never visited her house without carrying one piece of furniture away
（彼は彼女の家を訪れると必ず家具を1点持ち去った）《never 〜 without
… は、「〜すると必ず … する」という意》

⑨ I did promise（確かに約束しました）《動詞原形の前の did [do] はその動
詞を強調する。この後の I do say の do もその一例》

⑨ with my eyes opened（目を開いて）《with+ 名詞 + 過去分詞「〜して、
〜しながら」は独立分詞構文の一種で、付帯状況を表す》

59. 老婆と医者

①視力を失った老婆が目医者に、「私の目を治してくれたら、た
っぷりお礼をします」と言いました。②それに同意した医者は、
毎週、効き目のない軟膏を彼女の目に塗りました。③しかし、彼
は彼女の家へ行くと必ず家具を1点持ち去りました。④その後、
医者は老婆の目を治すいい薬を与えたので、老婆は再び目が見え
るようになりました。⑤彼女は、視力が回復して、自分の家が空
になっていることを知りました。⑥そのため、彼女は、医者に一
銭もお金を払いませんでした。⑦医者が彼女にお金を払うよう強
く求めましたが、老婆は支払いを拒みました。⑧そこで、医者は
彼女を訴えました。⑨彼女は裁判官に、「確かに、私は視力が回
復したら、たっぷりお礼をすると約束しました。いま彼は、私の
目が治ったと言っていますが、私はまだ目が見えないと断言しま
す。なぜなら、私が視力を失う前、私の家には立派な家具がいっ
ぱいありました。しかし、私はいま目を開いても、それらが何一
つ見えないからです！」と言いました。
⑩この寓話は、安易に人を信用するな！と戒めています。

60. The Fox and the Crane

①One day a fox invited a crane to dinner and slyly
招待した　　ツル　　　　　　　　意地悪く
served the crane thin soup in a very shallow dish. ②The
（食事を）ふるまった　薄い　　　　　　浅い　　皿
crane could only wet the end of her bill. ③The fox said
濡らす 端　　　　クチバシ
with a smile on his lips, "I am very sorry that my soup
笑み　　　　　唇　　　　　　申し訳なく
was not to your liking. Perhaps it was not seasoned
好み　　　　　　　　味がつけられていなかった
enough?" ④"Oh, do not apologize. Well, please come to
十分に　　　　　　　謝る
my house for dinner next time," the crane suggested.
食事　　　　　　　　　　　　　　提案した
⑤The fox went to the crane's house, looking forward to a
～を楽しみに待つ
good meal. ⑥But, to his disappointment the soup was
彼が失望したことには
served in a long jar with a narrow mouth. ⑦The crane put
ビン　　　　狭い
her long neck and bill into the jar, and enjoyed eating the
スープを飲むこと
soup. ⑧However, the fox could only lick a few drops
濡らす 2,3滴
around the neck of the jar. ⑨"What do you think of my
soup?" asked the crane. ⑩The fox left the crane's house
without saying a word.
一言も言わずに
⑪This story also recalls the proverb "As you sow, so
思い出させる ことわざ　　　　　　　　種をまく
shall you reap."
刈り取る

[重 要 構 文]

- -

⑥to his disappointment（彼ががっかりしたことに；彼が失望したことに）《to one's disappointment は「〜ががっかりしたことに」という意》

⑦enjoyed eating the soup（スープをおいしく飲んだ）《enjoy は目的語に動名詞（ 〜 ing）をとる動詞。この種の動詞にはほかに、mind、avoid、finish、practice、give up などがある》

⑨What do you think 〜（〜をどう思いますか？）

60. キツネとツル

①ある日のこと、キツネが夕食にツルを招待して意地悪く、とても浅い皿に水っぽいスープを入れてふるまいました。②ツルはクチバシの先を濡らしただけでした。③キツネは、「このスープは君の好みではなくて申し訳ない。たぶん味つけが十分でなかったんだね」と、唇に笑みを浮かべて言いました。④ツルは、「いいや、謝ることはないよ。では、今度、夕食を食べに私の家に来ませんか？」と、キツネに提案しました。⑤キツネはご馳走を期待して、ツルの家に行きました。⑥しかし、がっかりしたことに、スープが細い口のついた長いビンに入れてふるまわれました。⑦ツルは、長い首とクチバシをビンに入れて、食事を堪能しました。⑧しかし、キツネは、ビンの首のまわりのスープを数滴なめただけでした。⑨「私のスープはどうですか？」とツルは尋ねました。⑩キツネは、一言も言わずに、ツルの家を後にしました。
⑪この話は、「因果応報」（※ 直訳は【自分でまいた種は自分で刈り取れ】）ということわざを思い起こさせてくれます。

61. The Milkmaid and Her Pail

①One day a milkmaid was on her way to market. ②She
乳搾り女　　　　　　　～への途中　　　市場
carried a large pail of milk on her head. ③As she walked along,
運んだ　　　桶
she thought of the money she would get after she sold the milk.
　～を思った　　　　　　　　　　　　　　　　売った
④She thought, "I shall buy hens from a farmer and they will
　　　　　　　　　　　メンドリ　　農夫
lay eggs every day. I will sell the eggs to the parson's wife.
卵を産む　　　　　　　　　　　　　　　　牧師の奥さん
She will pay me well. With the money from the eggs, I will buy
　　　　払う　　　たっぷり ～を使って
myself a new frock and bonnet. When I go to market, I will wear
　　　　　　フロックコート 帽子　　　　　　　　　　　　　　　　着る
my new clothes. All the young men will want to speak to me, of
衣服
course, but I shall pretend not to see them. When they follow
　　　　　　　　～するふりをする　　　　　　　　　　後についてくる
me, I shall walk proudly on. I'll toss my head, like this."
　　　　　　　誇らしげに　　（頭などを）上げる　こんなふうに
⑤But the moment she tossed her head, the pail slipped off from
　　　　　　　　　　　　　　　　　　　　　　　滑り落ちた
her head, and the milk spilled all over the ground.
　　　　　　　　　　こぼれた　地面いっぱいに
⑥This fable cautions, "Don't count your chickens before they
　　　　　　警告する
hatch." ⑦Even if you get a loan repayable in anticipation of
(ヒナが)かえる たとえ～だとしても ローンを組む 返済可能な 期待
your bonus payment, sometimes the amount of your bonus
　　ボーナスの支給　　　　　　　　　　額
may decrease or not be paid for some reason.
　　減少する　　　　　　　　　何らかの理由で

[重 要 構 文]

④ pretend not to see them（彼らが目に入らないふりをする）《not to ～（～しない）は不定詞の否定形》

⑤ the moment ～（～するやいなや）《the instant ～ や as soon as ～ と同じ意》

⑦ even if（たとえ～しても）《even though ～は「～にもかかわらず」いう意》

61. 乳搾りの女とその桶

①ある日、乳搾りの女が市場へ行くところでした。②彼女は、頭に大きな牛乳桶を載せて運んでいました。③彼女は歩きながら、ミルクを売ると手に入るお金のことを考えていました。④「農夫からメンドリを買おう。そうしたら、メンドリは毎日卵を産むわ。卵を牧師の奥さんに売ると、彼女は高い値で買ってくれるわ。卵を売ったお金で、新しいフロックコートと帽子を買おうっと。市場に行くとき、私、新しいドレスを着て行くわ。もちろん、若い男たちはみんな、私に話しかけたいと思うでしょうが、私は彼らが目に入らないふりをするの。若い男たちが私の後をついてきたら、私、堂々として歩くわ。頭を上げるの、こんなふうに」⑤しかし、彼女が頭を上げたとたん、彼女の頭から桶がすべり落ち、ミルクは全部地面にこぼれてしまいました。

⑥この寓話は、「とらぬ狸の皮算用」（※直訳は【ヒナがかえる前にヒナの数を数えるな】）と戒めています。⑦ボーナスを当てにしてローンを組むと、なぜかボーナスが少なかったり、出なかったりします。

62. The Wolf and the Lamb

①One day a wolf came across a lamb who had strayed
　　　　　　　　　　出くわした　　　子ヒツジ　　　　　はぐれた
from the herd. ②The wolf decided not to kill the lamb
　　　群れ　　　　　　　　　　決めた
until he had a good excuse to eat him. ③So the wolf said,
　　　　　　　　　言い訳
"Ah, you are the lamb who insulted me so harshly last
　　　　　　　　　　　　　　侮辱した　　　　激しく
year." ④The lamb bleated, "Indeed no, sir. A year ago
　　　　　　　　泣きそうな声で言った　実際は
I was not yet born." ⑤The wolf said this time, "Then you
　　　　　　　　　　　　　　　　　今度は
must be the lamb that fed in my pasture." ⑥The lamb
～に違いない　　　　　　　　　エサを食べた　牧場
protested, "No, no, sir. I have not yet tasted grass."
抗議した　　　　　　　　　　　　　　　　　食べてみた　牧草
⑦"Well," snapped the wolf, "then you are the lamb who
　　　　　くってかかった
drank from my well." ⑧"No!" cried the lamb, "I have no
　　　　　　　井戸　　　　　　叫んだ
need of water, for my mother's milk is both food and
　　　　　　　というのは
drink to me." ⑨The wolf snarled bearing down on the
　　　　　　　　　　　　怒鳴った　～に襲いかかりながら
lamb, "I will have my supper, even if you deny every
　　　　　　　　　　　　　　　たとえ～だとしても　拒否する
one of my accusations!"
　　　　　　訴え
⑩Even looking at world history, there are many cases
　　～しても
where strong countries annex weaker countries like this.
　　　　強い　　国々　　併呑する　より弱い　　　　　このように

148

[重要構文]

②not to kill the lamb until ～ (～まで子ヒツジを殺さない)《(it is) not ～ until … は「… してはじめて～する、… するまで～しない、」という意》

⑥I have not yet tasted grass(私はまだ草を食べたことがありません)《have tasted は現在完了》

⑨even if you deny every one of my accusations (たとえおまえが俺様の訴えをすべて否定してもだ)《even if ～は「たとえ～だとしても」という意》

62. オオカミと子ヒツジ

①ある日のこと、オオカミが群からはぐれて迷子になっていた子ヒツジに出会いました。②オオカミは、子ヒツジを食べる言い訳を思いつくまで、子ヒツジを殺さないことにしました。③そこで、オオカミは、「おい、おまえは去年、俺様をひどく侮辱した子ヒツジだな!」と言いました。④子ヒツジは、「いいえ、決して、そんなこと。1年前、私はまだ生まれていませんでした」と声を震わせて答えました。⑤オオカミは今度は、「じゃあ、俺様の牧場で草を食べたのはおまえだな」と言いました。⑥子ヒツジは、「いえ、いえ。私はまだ草を食べたことがありません」と抗議しました。⑦すると、オオカミは、「じゃあ、俺様の井戸の水を飲んだのはおまえだな」と、きつい口調で言いました。⑧子ヒツジは、「いいえ!私は水を必要としていません。だって、私にとって、おかあさんのお乳が私の食べ物であり、飲み物だからです」と、大声で言いました。⑨オオカミは、子ヒツジに襲いかかりながら、「俺は夕食を食べるぞ、たとえおまえが俺様の訴えをすべて否定してもだ!」と怒鳴りました。

⑩世界の歴史をみても、強国が弱小国をこのように併呑したケースは枚挙にいとまがありません。

63. The Sick Lion

①An old lion, who was too sick to get any game by
himself, decided to use dirty tricks to bag his meal. ②He
passed the word that he would welcome any visitors to
his cave who might inquire about his health. ③The beasts
heard the news, and they went to his cave to express their
sympathy. ④But one by one the lion ate them. ⑤After
many of the beasts had disappeared in this way, the fox
discovered the lion's tricks. ⑥He stood at a safe distance
from the cave and asked the lion, "How are you feeling
today?" ⑦"I seem to be a little better," the lion replied.
"Well, Why don't you come in? You may as well come
inside." ⑧"No thank you," said the fox. "I notice that
there are many footprints that lead into your cave, but
none that lead out."
⑨The wise perceive the truth and escape danger, but the
foolish are too shortsighted and fall into a trap. ⑩This
fable teaches not to be deceived by flattery.

[重要構文]

⑤ After many of the beasts had disappeared（獣たちの多くが姿を消して
しまってから）《過去完了（過去のある時点までの動作の完了・結果・経験・
継続を表す）》

⑦ You may as well come inside.（中へ入ってきたら、どうだい）《may
[might] as well は「〜したほうがよい」という意》

⑨ the wise（賢い人々）《the+ 形容詞で（人々を総称して）「〜（の）人々」
を表す》

63. 病気のライオン

①病気が重いので、もはや自分の力では獲物を獲れなくなった年
老いたライオンが、策を弄して食事にありつくことにしました。
②自分の洞窟へ見舞いに来る者は誰でも歓迎すると皆に知らせま
した。③獣たちはこの知らせを耳にして、お見舞いの言葉を述べ
に洞窟へ行きました。④ところが、ライオンは1匹ずつ(殺して、)
食べました。⑤こうして、多くの獣たちが姿を消してから、キツ
ネがこのカラクリに気づきました。⑥キツネは、洞窟からは安全
な場所に立って、「ライオンさん、今日の気分はいかがですか?」
とライオンに尋ねました。⑦ライオンは、「少しいいようだ」と
答えました。「ところで、中へ入ったきたら、どうだい? 中へ
入ってもいいではないか」と言いました。⑧キツネは、「いいえ
結構です。洞窟の中へ入って行く足跡はたくさんありますが、中
から出てくる足跡が1つも見当たらないのですよ」と応じました。
⑨賢者は真実を見抜いて難を逃れるが、愚者は目先に惑わされて
ワナにはまります。⑩この寓話は、甘言に惑わされるな、という
ことを教えています。

64. The Salt Peddler and the Donkey

①A salt peddler loaded baskets of salt on the donkey's
back. ②When they passed a river, the donkey tripped over
something and fell into the water. ③He managed to
emerge from the river, but he found his load much lighter
because much of the salt had dissolved in the water. ④The
peddler went back to the seashore, and refilled his baskets
with salt. ⑤When the donkey came to the river, he fell
again, but this time he fell on purpose. ⑥Although the
peddler understood what the donkey's scheme was, he
didn't say anything to him. ⑦So, the peddler took him
back to the seashore, and this time he loaded a cargo of
sponges on the donkey's back. ⑧When they came back to
the river, the donkey fell into the river again. ⑨But the
sponges became swollen with water, and he was not able
to come out.
⑩Even if it seems you will benefit from cutting corners,
you will pay for it later and lose in the end.

[重 要 構 文]

----

① loaded baskets of salt（塩の入った篭を〜に乗せた）《第3文型（S+V+O）》

⑤ he fell on purpose （彼はわざとに倒れた）《第1文型（S+V）》

⑥ Although 〜（〜だけれど）

⑦ the peddler understood what the donkey's scheme was（行商人はロバの企てが何であるか理解した）《what節は間接疑問と呼ばれ、語順は平叙文のようにS＋Vの順になる》

64. 塩商人とロバ

①塩の行商人が、ロバの背中に塩の入ったカゴをいくつも載せました。②彼らが川のそばを通りかかったとき、ロバが何かにつまずいて川へ落ちてしまいました。③ロバはどうにか川から這い上がりましたが、塩の多くが水の中で溶けてしまったので、荷がかなり軽くなったことに気づきました。④行商人は海岸へ引き返し、再びカゴを塩でいっぱいにしました。⑤先ほどの川までやって来たとき、ロバはまた転びましたが、今度はわざと倒れました。⑥行商人は、ロバの企てが何であるか理解しましたが、ロバには何も言いませんでした。⑦そこで、行商人はロバを連れて海岸へ戻り、今度はロバの背中に海綿を載せました。⑧彼らが川へ戻ってきたとき、ロバはまた転びました。⑨しかし、海綿は水を吸って膨らみ、ロバは川から這い上がることができませんでした。
⑩手抜きして得したと思っても、あとでそのツケが何倍にもなって返ってきて、損をすることがあります。

65. The Fisherman and the Little Fish

①A fisherman tried to fish all day, but he caught only
one small fish. ②However, the fish begged for his life,
"Please spare me and put me back into the sea this time.
I shall soon become a large fish and I am sure I will come
back. Then, catch me again, and I will be a good meal
for you." ③Hearing this, the fisherman shook his head
and said, "I should indeed be a very poor fellow if
I gave up today's certain gain for tomorrow's
uncertain profit. A small fish caught is better
than a large one in the sea."

④This story tells us that a bird in the hand is worth two in
the bush.

[重 要 構 文]

② catch me again, and I will be a good meal for you（私をまた捕まえてください、そうすれば立派なご馳走になります）《命令文 , + and 〜は「〜しなさい、そうすれば … 」という意。命令文 , + or 〜 は「… しなさい、さもないと〜」という意。例：Hurry up, or you will be late.（急ぎなさい、でないと遅れますよ》

③ better than 〜（〜よりよい）《比較級》

65. 漁師と小魚

①ある漁師が一日中、魚釣りをしていましたが、釣れたのは小さな魚１匹だけでした。②しかし、その魚は、「どうか、今度だけは私を海に戻して助けてください。私はまもなく大きな魚になって、必ず戻って来ますから。そのとき、私をまた捕まえてください、そうすれば、私は立派なご馳走になりますから」と言って、命乞いをしました。③これを聞いて、漁師は首を振って、「明日手に入るかどうかわからないもののために、今日手に入れたものを諦めたら、私はとんでもない間抜けだよ。捕まえた小魚は、大海の大きな魚よりマシだからな」と言いました。
④この話は、手の中の１羽の鳥は、藪の中の２羽の鳥の値打ちがある、ということを教えています。

66. The Lioness

①When the beasts of field and forest were arguing as to
which of the animals produced the largest number of
offsprings, a lioness passed by. ②The beasts stopped her
and asked, "We are trying to know who among us has
the most young ones. Please tell us, madam, how
many cubs do you have at one time?" ③The lioness
smilingly answered, "Only one. But please remember, he
is definitely a lion!"

④This fable tells us that value is in worth, not in number:
that is, the number is not always important.

[重 要 構 文]

- -

① as to ～「～に関して、～について」

④ the number is not always important（数が必ずしも重要というわけではない）《not always ～ は「必ずしも～ではない；いつも～とは限らない」という意》

66. 牝のライオン

①野や森にすむ獣たちが、どの動物が一番多く子どもを産むかで論争をしているとき、牝のライオンが通りかかりました。②獣たちは彼女を呼び止め、「どの動物が一番多く子どもを産むか知りたいんです。ライオンさん、どうか教えてください。ライオンさんは一度に何匹の子どもを産みますか？」と尋ねました。③牝のライオンは、「私は1匹しか産みませんよ。でも、覚えておきなさいよ。その子は、紛れもなくライオンだってことをね」と、笑いながら答えました。
④この寓話は、価値があるのは量ではなく質である、つまり量は必ずしも重要とは限らない、ということを教えています。

67. The Cobbler and the King

①There was a cobbler who had gone broke, because
　　　　　　　　靴職人　　　　　一文無しになってしまった
he was clumsy. ②So, he practiced medicine in a town where
　　　不器用な　　　　医師を開業した　　　　町
no one knew him. ③Soon, he became quite famous, because
～を誰も知らなかった　　　　　　　　とても　有名な
this cobbler extravagantly advertised and sold a false
　　　　　　　　過度に　　　宣伝した　　　　売った　　偽の
antidote. ④When the town's king had grave need of a
解毒剤　　　　　　　　　　　王様　　　～をとても必要とした
doctor, he decided to put the cobbler to the test. ⑤The king
医者　　　決めた　　靴職人を試してみる
pretended to mix the doctor's antidote together with a fatal
ふりをした　　混ぜる　　　　　　　　　　　　　　　　致命的な毒
poison. ⑥The king then ordered the doctor to drink the
　　　　　　　　　　　　　　命じた
mixture, offering him a reward if he would do so. ⑦The
混ぜたもの　～に一を提示して　報酬
cobbler refused his offer, having fear of death. ⑧He
　　　　拒否した　　申し出　　　　　　　死の恐れ
confessed that he had no knowledge of medicine and that he
～を白状した　　　　　　　　知識　　　医学
had acquired his fame only thanks to common people's
　　獲得した　　名声　　　　～のお陰で　一般の
ignorance. ⑨Then, the king said to the citizens, "This man
無知　　　　　　　　　　　　　　　　　　　町民
could not make even boots and shoes skillfully. Why did
　　　　　　　　～でさえ　ブーツ　　靴　　上手に
you trust this man in matters of life and death?"
　　信用する　　　　　生死の問題で
⑩It is dangerous to take whatever specialists, not just medical
　　危険で　　　　受けとめる　専門家　　　　　医者
doctors, tell you on blind faith and leave the matters up to others.
　　　　　　　　　～を盲信させる　　任せる　物事　　　　他人

[重 要 構 文]

- -

② a town where no one knew him (誰も彼のことを知らない町)《where は
関係副詞で、先行詞には場所を表す語句がくる。関係副詞には、時を表
す語句が先行詞の when のほか、the reason が先行詞の why、the way が
先行詞の how がある》

⑥ offering him a reward (彼に褒美をやると言って)《offering は分詞構文》

67. 靴職人と王様

①不器用なために、文無しになった靴職人がいました。②それで、
彼は、誰も彼のことを知らない町で医者を開業しました。③偽の
解毒剤を仰々しく宣伝して販売したので、この男はすぐかなり有
名になりました。④町の王様は、病気にかかって医者の助けが必
要になり、この男の腕を試してみることにしました。⑤王様は、
彼の作った解毒剤に致命的な毒を混ぜるふりをしました。⑥王様
は、飲めば褒美を与えると言って、医者にそれを飲むように命じ
ました。⑦靴職人は、死ぬのを恐れて、飲むことを拒否しました。
⑧彼は自分には薬の知識などまったくなく、実は一般人の無知の
お陰で有名になったのだと白状しました。⑨王様は、町民に向か
って、「この男は（足に履く）ブーツや靴さえ上手に作れないん
だぞ。君たちは、なぜこの男に生死のことを委ねたんだ？」と言
いました。
⑩医者に限らず、専門家の言うことを何でも盲信して、何事でも
人任せにするのは危険なことです。

68. The Goose with the Golden Eggs

①One morning a farmer was surprised to notice that
his goose had laid a golden egg. ②Then, he sold it for a
good price at the market. ③The next morning the goose
again laid a golden egg, and the farmer sold that too for
much money. ④Every day thereafter the farmer sold the
eggs and soon he became a very rich man. ⑤But the
richer he became, the more money he wanted. ⑥One day,
he seized his ax and killed the goose, but alas, there was
no gold at all inside. ⑦"Foolish man!" cried his wife. "If
only you had understood that those who are greedy for
too much sometimes lose all."

⑧Desire is a driving force to success, and we cannot
live a successful life without desire. ⑨However, greed
will be your ruin.

[重 要 構 文]

⑤ the richer he became, the more money he wanted（お金持ちになればな
るほど、もっとお金がほしくなりました）《the 比較級〜, the 比較級 …
は「〜すればするほど、ますます… する・なる」という意》

⑥ no 〜 at all（全然〜がない）

⑦ If only you had understood that（そのことを理解してさえいれば）《if
only 〜 は「〜でありさえすれば」という意》

68. 金の卵を産むガチョウ

①ある日の朝、農夫は自分のガチョウが金の卵を産んだことに気
づいて驚きました。②そこで、農夫はその卵を市場へ持って行っ
て、いい値段で売りました。③翌朝、そのガチョウは再び金の卵
を産み、農夫はまたそれを売って大金を手に入れました。④その
後、農夫は毎日、金の卵を売り、まもなく大金持ちになりました。
⑤しかし、彼は、お金持ちになればなるほど、もっとお金がほし
くなりました。⑥ある日、彼は斧を手にし、そのガチョウを殺し
ましたが、悲しいかな、腹の中に金の塊は見当たりませんでした。
⑦彼の妻は、「バカな人ね！ 欲ばりな人は、時どき、すべてを失
うってことを知っていさえすればね…」と言いました。
⑧欲は成功の原動力であり、これがないと人生は回りません。⑨し
かし、強欲は身の破滅です。

69. The Wolf in Sheep's Clothing

①One day a wolf found the skin of a sheep in the forest.
　　　　　　　　　　見つけた 皮　　　　　　森

②The next day, he put it on and walked into the grass
　　　　　　　　　それを身につけた　　　　　　　牧草地

pasture with the sheep. ③However, no one suspected that
～に交じって　　　　　　　　　　　　　疑った

the wolf mingled in the flock. ④At that time, he thought,
　　　混ぎれ込んだ （動物の）群　　　　　　　　思った

"I am a very smart animal." ⑤Suddenly, the shepherd
　　　　　　　頭のいい 動物　　　突然　　　ヒツジ飼い

came to the fold to choose a sheep for his supper. ⑥It took
　　　囲い　　選ぶ　　　　　　　　夕食

him a long time to choose one, but finally he seized the
彼が～するのに長い時間がかかった　　　　ついに　　　つかまえた

wolf, thinking he was one of the sheep. ⑦In thinking he
　　　～と思って

will be killed, the wolf tried to escape, but no sooner had
殺される　　　　　　　　　　逃げる　　　　～するかしないうちに―

he escaped than a chopper was brought down on his
　　　　　　　　　　ナタ　　ふり下ろされた

neck.
首

⑧This fable teaches that even if an evil man with an
　　　　　　　　　　　　　　　　　　悪い

ulterior motive pretends deviously to be a good man, he
隠された 動機 装う ごまかして

shows his true colors before long and he will be
　　　　本性　　　　ほどなく

impeached.
弾劾される

[重 要 構 文]

- -

⑥ It took him a long time to choose one（一匹を選ぶのにかなり時間がかかった）《It takes+（人・物）+ ～ to 不定詞 + 時間は、「（人・物）が ～ するのに時間がかかる）という意》

⑦ no sooner A than B（A するとすぐに B する； A するかしないうちに B する）《no sooner が文頭に出たために主語と述語が倒置される。同じ意を表す hardly ～ when …、scarcely ～ before … の文語表現》

69. ヒツジの皮をかぶったオオカミ

①ある日のこと、1匹のオオカミがヒツジの皮を見つけました。②翌日、オオカミはその皮をかぶって、ヒツジたちに交じって牧草地に入り込みました。③しかしながら、誰もオオカミがヒツジの群に忍び込んでいることを疑いませんでした。④そのとき、彼は、「俺はとても賢い動物だ」と思いました。⑤突然、ヒツジ飼いが夕食のためにヒツジを選びに囲いのところへやって来ました。⑥1匹を選ぶのに、かなり時間がかかりましたが、ついにヒツジだと思って、このオオカミをつかまえました。⑦殺される！と思ってオオカミは逃げようとしましたが、逃げる間もなくオオカミの首にナタがふり下ろされました。

⑧この寓話は、悪人がよからぬ魂胆をもって善人になりすましても、いずれ化けの皮が剥がれて糾弾される、ということを教えています。

70. The Monkey Elected King of the Animals

①The dumb beasts gathered and the monkey did a dance.
頭の悪い　動物たち　集まった　　　　　　踊りを踊った

②The performance was wonderful, so the animals elected
出来ばえ　　　すばらしい　　　　　　　～を一に選んだ

the monkey their king. ③But the fox was jealous of the
王様　　　　　　　　　　～にしっとした

monkey's honor. ④So, when she saw some meat
栄誉　　　　　　　　　　　　　　肉

lying in a trap, she led the monkey there. ⑤She said,
罠に仕掛けられている　導いた

"I have kept this meat for you, our king. Please go ahead
さあ、どうぞ

and take it." ⑥The monkey reluctantly put his hand in the
しぶしぶ　　　　　　　　罠

trap and was caught. ⑦At that time, the fox asked, "Hey,
捕まった　　その時　　　　　　　　　　おい

monkey! How can an idiot like you rule over the dumb
どのようにして　バカ(者)　　　支配する

beasts?"

⑧To become a qualified leader for the right job, one is
十分な資格のある　　　　適任の仕事　　人

expected to have suitable dispositions. ⑨Some people
期待される　　　　　　適切な　資質

sometimes wonder why this person became a politician.
ときどき　～をいぶかしく思う　　　　　　　政治家

⑩We would like current politicians to answer their own
～に―してほしい　今日の　　　　　答える

questions.
質問

[重要構文]

- -

② the animals elected the monkey their king（動物たちは自分たちの王様
　にサルを（選挙で）選んだ）《第4文型（S+V+O+O）》

④ some meat lying in a trap（罠に仕掛けられている肉）《meat と lying の
　間に、関係代名詞と be 動詞 (which was) が省略されている》

⑤ for you, our king（あなた、つまり我々の王様のために）《この you と our
　king は同格。同格は、名詞をカンマ (,) のすぐ後ろの名詞（句）が対等の
　立場で説明するときに使われる》

70. 動物たちの王様に選ばれたサル

①間抜けな動物たちが集まり、サルが踊りを踊りました。②サル
の踊りの出来ばえがすばらしかったので、動物たちはこのサルを
王様に選びました。③しかし、キツネはサルの栄誉をねたみまし
た。④そこで、キツネは罠に仕掛けられている肉を見て、そこへ
サルを案内しました。⑤キツネはサルに、「私は、この肉を、我々
の王様であるあなたのためにとっておきました。どうぞお受け取
りください」と言いました。⑥サルはしぶしぶ罠に手を入れて、
罠にかかってしまいました。⑦そのとき、キツネは「おい、おサ
ルさん！ おまえみたいな愚か者が、どうやって間抜けな獣たち
をまとめることができるんだい？」と尋ねました。

⑧適材適所でリーダーになるには、リーダーにふさわしい資質が
必要です。⑨ときどき、なぜこの人は政治家になったのだろう
といぶかしく思う人がいます。⑩いまの政治家には、特に自問
自答してもらいたいものです。

71. The Monkey and the Dolphin

①A man took along a monkey in order to amuse himself
on a ship to Greece. ②But, near Athens, Greece, a violent
storm arose. ③Angry waves beat against the ship and
dashed it to pieces. ④A dolphin saw the monkey struggling
in the water. ⑤Since he thought the monkey was a man, the
dolphin carried the monkey in the water toward the shore.
⑥When they came near Piraeus, the Athenian harbor, the
dolphin asked the monkey whether or not he was from
Athens. ⑦The monkey said that he was from one of the
noble families of Athens. ⑧The dolphin then asked if he
knew Piraeus. ⑨The monkey thought that Piraeus must be
a person's name, so he said, "Yes, and Piraeus is a dear
friend of mine." ⑩The dolphin was so angered at his lies
that he dove into the water and left the monkey
behind. ⑪Eventually the monkey drowned in the sea.
⑫If your know-it-all attitude goes to excess, you will dig
your own grave.

［重要構文］

- -

① in order to ＋ 動詞の原形（〜するために）。

⑥ the dolphin asked the monkey whether or not he was from Athens（イルカはサルにアテネ出身かどうかと尋ねた）《この whether or not 〜 は「〜かどうか」を意味する》

⑨ Piraeus is a dear friend of mine（ピレウスは自分の親しい友だちだ）《mine は所有代名詞で（〜のもの）を意味する。ほかには、ours, yours, his, hers, theirs がある》

71. サルとイルカ

①ある男が、ギリシャへの船旅に出たとき、船上での退屈しのぎにと、サルを連れて行きました。②しかし、ギリシャのアテネ近くで、暴風雨が起こりました。③怒り狂った波が船を打ちつけ、船はこなごなに砕けました。④1頭のイルカが海中で波と格闘しているサルを目にしました。⑤イルカは、サルが人間だと思って、そのサルを背に乗せて岸のほうへ泳ぎました。⑥彼らがアテネの湾であるピレウスに近づくと、イルカはサルに、アテネ出身かどうかと尋ねました。⑦サルは自分はアテネ出身で、名家の出であると言いました。⑧すると、イルカは、ピレウスを知っているかと尋ねました。⑨サルはピレウスが人間の名前に違いないと思い、「そうだ、それにピレウスは自分の親しい友だちだよ」と答えました。⑩イルカはこのサルの嘘に激怒して、サルを海に置き去りにしました。⑪結局、サルは海で溺れ死んでしまいました。⑫知ったかぶりも度を過ぎると、墓穴を掘るはめになります。

72. The Fox, the Donkey, and the Lion

①When a fox and a donkey were digging a pitfall
　　　　　　　　　　　　　　　　掘っていた　　　　落とし穴
together, a hungry lion appeared. ②The fox who wanted
一緒に　　　　　　　姿を現した
to save himself at any cost approached the lion,
　助ける　　　どんなことをしても　～に近づいた
leaving the donkey behind him. ③The fox whispered to
置いておいて　　　～のうしろに　　　　　　　　　　～にささやいた
the lion, "I will trap the donkey and offer him to you
　　　　　　　　　　罠にかける　　　　　　～を一に提供する
in return if you would promise to spare my life."
お礼として　　　　　　　　約束する　　　（～の命を）助ける
④Hearing this, the lion said, "If you do it well, I will save
～を聞いていて
your life." ⑤Then, the lion let the fox push the donkey
　　　　　　　　　　　　　　　　　　　　　　～を一に押して落とす
into the pitfall. ⑥But, as soon as the lion saw that the
donkey could not escape, he jumped at the fox and
　　　　　　　　　逃れる　　　　～に跳びかかった
gobbled her.
～をガツガツ食った
⑦This story warns that "Curses return upon the heads of
　　　　　　警告している　呪い　戻る
those that curse." ⑧Incidentally, "two holes" means that
人　　　呪う　　　　ちなみに　　　　　穴
one is the hole with which someone tries to frame
　　　　　　　それを使って　　　　　　　　　～を罠にかける
someone else, and the other is the hole that the framer
誰か他の人　　　　　　　　　　　　　　　　　罠にかける人
himself falls into as its retribution.
　　　落ち込む　　　　報い

[重 要 構 文]

⑤ let the fox push the donkey into〔キツネにロバを突き落とさせる〕《使役動詞（let、make、have など）の後は to なし不定詞をとる》

⑥ as soon as 〜（〜するやいなや）

⑧ one (of them) 〜 , and the other …（一方は〜で、他方は … である）《one と the other は 2 つの名詞のそれぞれについて述べる表現。3 者の場合は、one, another, and the other の順になる》

72. キツネとロバとライオン

①キツネがロバと一緒に落とし穴を掘っていると、そこへ腹を空かせたライオンが現れました。②何が何でも助かりたかったキツネは、ロバを置き去りにしてライオンに近づきました。③キツネはライオンに、「私を助けると約束してくれましたら、お礼にロバを罠にかけて、あなたさまにさし上げます」と、そっと耳うちしました。④それを聞いて、ライオンは「うまくやったら、おまえを助けてやる」と言いました。⑤それから、ライオンはキツネにロバを穴へ突き落とさせました。⑥しかし、ライオンはロバが逃げ出せないと見るやいなや、キツネに跳びかかり、ペロリと平らげてしまいました。

⑦この話は、「人を呪わば穴二つ」（※ 直訳は【呪いは呪う人の頭上に戻ってくる】）と戒めています。⑧ちなみに、「穴二つ」とは、陥（おとしい）れようとした相手の穴とその報（むく）いで陥（おちい）る自分の穴を指します。

73. The Goatherd and the Goat

①A goatherd tried to bring back a goat who had strayed
from his flock to join another flock. ②He was not able to
accomplish anything by shouting or whistling. ③So, he
threw a rock at the goat. ④The rock hit one of her horns
and broke it. ⑤Then, the goatherd begged the goat not to
tell the master what had happened. ⑥However, the goat
replied, "You must be the stupidest goatherd in the
world! The horn itself will show the deed, even if I
remain silent."

⑦In the current cases which seem to be related to
politicians, those politicians make grand justifications,
and they obstinately insist that they are innocent
themselves. ⑧Whenever we see and hear their attitudes in
newspapers and on TV or the radio, we remember this
fable.

[重 要 構 文]

- -

⑥ the stupidest goatherd（もっとも愚かなヤギ飼い）《形容詞・副詞の最上級（the +-est）》

⑥ even if I remain silent（たとえ黙っていても）《even if ~は「たとえ~しても」という意》

73. ヤギ飼いとヤギ

①ヤギ飼いは、群からはぐれてほかのヤギの群に加わろうとするヤギを連れ戻そうとしていました。②彼は、角笛を吹いたり、口笛を吹いたりしても、ヤギをうまく連れ戻すことができませんでした。③そこで、ヤギ飼いは、ヤギを目がけて石を投げました。④その石がヤギの角の1本に当たり、その角が折れました。⑤そこで、ヤギ飼いはヤギに、このいきさつを主人に内緒にしてくれるように懇願しました。⑥しかし、ヤギは、「あなたは、世界一愚かなヤギ飼いですよ！ 私が黙っていても、この角がそのことを証明しますよ」と言いました。

⑦政治家が関係したとされる最近の事件で、その政治家が堂々と申し開きをして、自分の無罪を強弁しています。⑧彼らの態度を見聞するにつけ、この話が思い出されます。

74. The Dog and the Blacksmiths

①There was a dog who was living in the house of some blacksmiths. ②When the blacksmiths were working, this dog would go to sleep. ③But when they tried to have a meal he would wake up and approach his masters in a friendly way. ④The blacksmiths asked the dog, "How is it that you sleep when our heaviest hammers are clanging away, but you are awakened by the slightest sound of our chewing food?"

⑤This story guesses right Freud's "Pleasure Principle." ⑥Not only dogs and human beings, but also all creatures love pleasure (benefits) and dislike displeasure (loss). ⑦There is no exception to this. ⑧Human beings are rational, so they don't express it openly.

172

[重 要 構 文]

① a dog who was living in the house（その家に住んでいた犬）《who は関係代名詞で、a dog は先行詞》

② this dog would go to sleep（このイヌはよく寝たものだった）《would は「（以前は）よく〜したものだ、〜したのだった）は、used to に比べて比較的短い過去の習慣を表す》

⑥ Not only dogs and human beings, but also all creatures（犬や人間ばかりでなく、すべての生き物も）《not only A but also B は「A だけでなく B も」という意》

74. イヌと鍛冶屋

①ある鍛冶屋（か じ や）の家に1匹のイヌが住んでいました。②このイヌは、鍛冶屋が働いている間はよく寝ていました。③しかし、このイヌは、主人が食事を始めると目を覚まし、親しげに主人のところへやってきました。④鍛冶屋は、「おまえは、俺たちが最も重いハンマーをふり下ろして大きな音を立てても寝ているくせに、俺たちが食べ物をかむほんの小さな音でもすぐ目を覚ますが、それはどういうことだ？」と、イヌに尋ねました。

⑤この話は、フロイトの「快楽原則」をズバリ言い当てています。⑥犬や人間に限らず、すべての生き物は、快楽（利益）を好んで、不快（損失）を嫌います。⑦このことに例外はありません。⑧人間には理性がありますので、それをモロに出さないだけのことです。

75. The Wolf and the Fox

①There was a wolf who had grown so much stouter than his fellow wolves. ②His fellows started calling him "Lion." ③The honor of this level was not enough to satisfy this foolish wolf. ④So, he left the pack and began to consort with the lions instead. ⑤An old and wise fox made fun of this wolf and said, "I hope that I never get such an inflated idea of myself as you now have of yourself. Why? You may seem like a lion among the wolves, but you just look like a wolf to the lions.

⑥Even if people behave above their means, finally their true colors will come to light to others. ⑦The key to a happy life seems to be to live only within our means without being self-important, respect others, and cooperate with each other.

[重 要 構 文]

③ enough to satisfy this foolish wolf（このバカなオオカミを満足させるほどに）《〜 enough to … は「 … できるほど〜」という意》

⑤ among the wolves（オオカミの仲間うちでは）《among は「3つ以上のものの間に」を表す。「2つの間に」は between が使われる》

⑦ To put it bluntly,（極端にいえば、）《独立不定詞（主文から独立して文全体を修飾する不定詞)》

75. オオカミとキツネ

①仲間のオオカミよりもずっと強くなったオオカミがいました。②彼の仲間たちは彼のことを「ライオン」と呼ぶようになりました。③この愚かなオオカミは、この程度の名誉では満足しませんでした。④そこで、彼は群れから離れて、代わりにライオンとつき合うようになりました。⑤すると、年老いた賢い1匹のキツネがこのオオカミをからかって、「君が自分について抱いているような思い上がった考えを、僕は決して抱こうとは思わないよ。なぜかって？　君は、オオカミの仲間うちではライオンのように見られているかもしれないが、ライオンにはただのオオカミにしか見えないからな」と言いました。

⑥人は分不相応にふるまっても、結局は他人にばれてしまいます。⑦決して偉ぶらず、つつましやかに生き、他人を尊重し、他人と協力し合うことこそ、本当の幸せな生き方なのではないでしょうか。

著　者

牧野髙吉 (まきの　たかよし)

教育言語学博士（米国）。

北海道生まれ。明治学院大学卒業。南イリノイ大学よりM.A.（英語教育学修士号）、ニューメキシコ大学よりPh.D.（教育言語学博士号）を取得（ともに米国）。元・北海道教育大学教授。専門は第二言語習得論・教育言語学。「エレック賞」（英語教育協議会）受賞。現在、英語・英会話に関する執筆・翻訳等で活躍中。主な著書は、『えっ! この表現でそんな意味? 英語おもしろノート』、『英語対訳で読む日本のことわざ』（以上、実業之日本社）、『英語で発想できる本』（講談社）、『日本語で引ける英語表現使い分け辞典』（東京堂出版）、『フェイバリット英和辞典』（共編／東京書籍）、『直訳禁止! ネイティブが使うユニーク英語表現』（DHC）、『よく似た英単語を正しく使い分ける本』（河出書房新社）などで、本書が79冊目。

英 文 監 訳 者

William Chesser (ウィリアム　チェサー)

米国ジョージア州生まれ。西ジョージア大学（University of West Georgia）卒業（英文学専攻）。その後、韓国で英語を教え、現在は日本で英語講師のかたわら、翻訳等に携わる。

じっぴコンパクト新書　381

1冊で古典も英語も教訓も学べる!

新版 英語対訳で読むイソップ物語

Aesop's Fables in Simple English

2020年10月 7日　初版第1刷発行

著　者……………**牧野髙吉**

英文監訳者…………**William Chesser**

発行者……………**岩野裕一**

発行所……………**株式会社実業之日本社**

〒107-0062

東京都港区南青山5-4-30

CoSTUME NATIONAL Aoyama Complex 2F

電話（編集）03-6809-0452

　　　（販売）03-6809-0495

https://www.j-n.co.jp/

印刷・製本所………**大日本印刷株式会社**